¡Salmo 91 de Peggy Joyce Ruth es un libro especial! Lo he compartido con muchos cristianos y pastores, y se ha convertido en una poderosa y oportuna bendición para ellos y para otros. Después de leerlo, ellos sintieron que estaba divinamente inspirado, y desveló poderosas verdades de la Palabra de Dios para nuestros tiempos. Enseguida quisieron más ejemplares para compartirlos con sus amigos, pastores y familiares. Después de leer el libro, me quedé tan impresionado que me puse en contacto con la autora en Brownwood, Texas, para pedir cajas de libros para regalarlos a quienes yo sentía que realmente lo necesitaban. La autora desvela los misterios de este salmo y comparte muchos milagros auténticos que han rodeado a quienes lo oran en momentos de necesidad.

—Robert Mills
Kitchener, Canadá

Este libro, *Salmo 91*, se ha convertido en uno de mis favoritos de todos los tiempos. Es un libro increíble, y he comprado muchos ejemplares para compartirlos con amigos y familiares. Muchas gracias por escribirlo. Gloria a Dios por darnos este increíble pasaje y por darle a usted la capacidad, las herramientas y el impulso para completarlo. ¡Gloria a Dios, y gracias!

—Julie Schneider

Gracias por su obra y todo lo que he aprendido de ella. Me encontré con su libro, *Salmo 91*, y no pude dejarlo una vez que comencé a leerlo. Compré más ejemplares para familiares y he enviado una versión de su *Pacto del Salmo 91* para que ellos lo oren diariamente, yo también lo oro diariamente. He comprado ejemplares adicionales para amigos y familiares, y estoy alentando a todos a que Ahora es parte de mi régimen

—John Schmit
Bryan, TX

Verdaderamente, las meras palabras ni siquiera pueden comenzar a describir el regalo que su libro, *Salmo 91*, ha sido para mí. En mi propia vida probablemente ha marcado la diferencia entre la vida y la muerte. Y, en cuanto a los muchos otros con quienes lo he compartido, bien...lo único que puedo decir es que toca a todo aquel que lo lee.

Mi dolor me condujo a buscar frenéticamente respuestas en la Biblia, como en el libro de Salmos. He conocido de los salmos durante toda mi vida, pero casi de la noche a la mañana los salmos se convirtieron en mis mejores amigos. No podía creer lo precisamente que algunos de los salmos reflejaban mi dolor.

Así que ese era mi estado mental un día mientras iba caminando por el supermercado Wal-Mart y vi su libro. Había estado leyendo mucho los salmos en ese periodo, y su libro sencillamente resaltó en la estantería: *Salmo 91*. Pensé: "¿Por qué iba a escribir alguien todo un libro sobre el Salmo 91?". Comencé a agarrarlo y entonces pensé: "No, esto es una locura. No hay nada de mágico en el Salmo 91. ¿De qué podría tratarse el libro, de todos modos?". Me alejé, casi riéndome de mí misma. Pero entonces, mientras seguía comprando, seguí pensando en ese libro: "¿Por qué escribiría alguien todo un libro sobre un único salmo?". Regresé a la estantería y le eché un vistazo. *Salmo 91*, con una portada atractiva. Ummm. "Creo que lo compraré". Y comencé a alejarme con el libro en mi mano. Pero entonces pensé: "Esto es una tontería. ¿Por qué me atrae tanto? Es sólo un libro; de todos modos, ¿cuán bueno podría ser?". Así que regresé a la estantería de libros y lo dejé. Y me alejé otra vez. Pero una vez más, ¡me sentí llamada a ese libro! Así que

regresé por tercera vez, pensando: "¡Tengo que saber qué es tan especial en cuanto al Salmo 91!". Así que lo agarré de nuevo, y esta vez lo compré y me lo llevé a casa.

¡Guau! Este libro estaba dirigido a mí. En ese momento. En ese instante. Este libro estaba dirigido a mí, y también a toda mi familia y amigos. Es poderoso. Y *explica* cosas. Es sobre un salmo que es una promesa increíble de protección de Dios y la autora lo explica esmeradamente a lo largo de los capítulos. "¡Guau!" es lo único que podía pensar cada vez que lo leía. Estaba fascinada. Lo leí de principio a fin, y después lo volví a leer, esta vez subrayándolo a medida que leía. ¿Podía ser eso real? Lo busqué en la Biblia, y efectivamente ahí estaba, en *mi* Biblia. Ahora... *mi* salmo. Comencé a orarlo una, y otra, y otra vez.

Me pidieron que diera un pensamiento devocional en mi grupo de mujeres, y lo hice sobre el Salmo 91, con su libro como guía. Lo enseñé a mis jóvenes en una reunión de jóvenes que comencé el pasado otoño. Este libro ha sido mi sustento. No puedo decir las incontables veces en que he orado este salmo y he recibido protección de Dios.

Soy abogada. Regalo a mis abogados asociados ejemplares de su libro. Algunos de ellos toman dos o tres ejemplares porque quieren uno para su mamá, o su hermana, o un hermano, o un amigo. Lo comparto con tantos amigos y asociados como pueda. Nunca ha habido nadie que rechazase mi oferta de recibir un libro. Literalmente todos aquellos con quienes he compartido su libro terminaron compartiéndolo con alguna otra persona porque fue muy importante para ellos.

¡Su libro, *Salmo 91*, es estupendo! Dios la bendiga y muchas gracias por creer en nuestro Señor Jesucristo lo suficiente para sacar tiempo de su vida para escribir este estupendo libro. Siempre lo atesoraré, y también la obra que he visto que ha hecho en mi vida y en las vidas de muchos de mis amigos, familiares, clientes, y todas las personas a quienes se lo he regalado. Gracias, Sra. Ruth. *Gracias.*

—Abogada Jackie Barrow
Missouri

Me encontré con un libro titulado *Salmo 91: El escudo de protección de Dios.* Ya que siempre me ha encantado ese salmo en particular, decidí comprar el libro. He leído y releído el libro varias veces. Las páginas están marcadas con comentarios que he escrito de cosas que Dios ha puesto en mi corazón a medida que leía el libro. Nunca he leído el Salmo 91 con una revelación tan increíble. Apenas podía dejar de leer. Termino de leer los veintiún capítulos y entonces comienzo otra vez. Cada vez que vuelvo a leerlo, Dios me revela algo nuevo. ¡Muchas gracias! Estoy muy emocionada por este libro y quiero comprarlo para otras personas. Seguiré releyendo este libro y dejaré que el poder de la Palabra me limpie. ¡Se lo agradezco!

—Carol Brosam
Illinois

SALMO 91

PEGGY JOYCE RUTH
ANGELIA RUTH SCHUM

CASA CREACIÓN
Para vivir la Palabra

Para vivir la Palabra

MANTÉNGANSE ALERTA;
PERMANEZCAN FIRMES EN LA FE;
SEAN VALIENTES Y FUERTES.
—1 CORINTIOS 16:13 (NVI)

Salmo 91 por Peggy Joyce Ruth y Angelia Ruth Schum
Publicado por Casa Creación
Miami, Florida
www.casacreacion.com
©2010 por Casa Creación

Library of Congress Control Number: 2010926393
ISBN: 978-1-616380-73-1
E-book ISBN: 978-1-61638-294-0

Desarrollo editorial: *Grupo Nivel Uno, Inc.*
Diseño interior: *Grupo Nivel Uno, Inc.*

Publicado originalmente en inglés bajo el título:
    Psalm 91
    por Charisma House, A Charisma Media Company
    ©2010 Peggy Joyce Ruth y Angelia Ruth Schum
    Todos los derechos reservados.

Impreso en Colombia

23 24 25 26 LBS 9 8 7 6 5 4 3 2

ÍNDICE

Sección II : Historias que demandan ser contadas: testimonios del Salmo 91

Sección III: Una oración de pacto

PREFACIO

L General George C. Marshall, Jefe de Personal del ejército de los Estados Unidos durante la Segunda Guerra Mundial, dijo en una ocasión: "Estamos construyendo... moral, no sobre la suprema confianza en nuestra capacidad de conquistar y subyugar a otros pueblos, no en la dependencia de cosas de acero y la súper excelencia de armas, y de aviones, y de visores de bombardeo... [sino] en cosas más potentes. La estamos construyendo sobre la *creencia*; porque lo que los hombres creen es lo que los hace invencibles".[1]

Durante mi experiencia como capellán de un batallón de la Marina de los Estados Unidos en Iraq, vi de primera mano lo que sucede cuando la *creencia en Dios Todopoderoso* inunda los corazones y las almas de hombres y mujeres que se apresuran a la batalla. Esta suprema confianza en Dios no es una *religión de trinchera o una fe superficial*. Es una transformadora decisión de situarse uno mismo en las manos amorosas de Aquel que es mayor que el campo de batalla.

Tal fe no es demostrada de modo más vívido que en las palabras del Salmo 91. Durante miles de años, "el Salmo del soldado" ha dado a los guerreros una reserva de verdad de la que extraer cuando la noche es oscura y la tarea es difícil. En este oportuno compañero de este salmo eterno, Peggy Joyce Ruth ha hecho claro y accesible el poder de las promesas de Dios para quienes se enfrentan a la ruina y los escombros de la guerra.

Para quienes están en el frente interno, lean este libro como una guía práctica de la oración intercesora radical por su infante de marina, marinero, soldado o piloto.

Para esos héroes que están en el frente de batalla, lean este libro para obtener fortaleza, esperanza, valentía y salvación. Y a medida que usted atraviesa con Dios el valle de sombra de muerte, que el increíble poder de sus promesas, que se comparten en este libro, llene su corazón, gobierne su mente y proteja su vida. Porque "El que habita al abrigo del Altísimo morará bajo la sombra del Omnipotente" (Salmo 91:1).

—TENIENTE CAREY H. CASH, CAPELLÁN,
MARINA DE LOS ESTADOS UNIDOS

Nota de la autora:

El teniente Carey H. Cash es capellán de batallón de la Infantería de Marina. En la operación Libertad Iraquí, su unidad fue la primera fuerza de combate terrestre en cruzar la frontera de Iraq. Él es graduado de The Citadel y el seminario Southwestern Baptist Theological Seminary, y fue comisionado como capellán en 1999.

En su libro, *A Table in the Presence (Una mesa en presencia)*, él relata las historias de hombres con quienes tuvo el privilegio de servir. En una de esas historias, él dice: "Temprano, el 12 de abril, mientras me dirigía hacia los terrenos del palacio de Saddam, me sentí impulsado a seguir hablando a los hombres y escuchando sus historias. Sentí en ellos una profunda necesidad, incluso una compulsión, de articular su asombro y maravilla ante lo que Dios les había hecho pasar. Y eso no era cierto solamente de un grupo de la Infantería de Marina. Desde el soldado raso más joven hasta el veterano de mayor edad, cada hombre parecía tener una historia que contar... Sus historias parecían tener un hilo común: todos ellos creían que habían estado en medio de un milagro en la actualidad. A medida que me contaban lo que habían visto, sus ojos se iluminaban, y sus caras resplandecían. Estaba claro para mí que no estaba meramente en compañía de guerreros, sino de testigos... A medida que hablaban, con lágrimas en sus ojos y agujeros de balas en sus ropas, comprendí que también yo era un testigo. Aquellos no eran hombres que habían 'encontrado religión' momentáneamente, o que reconocían con cortesía los aspectos prácticos de la oración o de la fe en momentos de necesidad. Aquellos eran hombres que se habían tropezado con algo histórico... una historia que tenía que ser relatada".[2]

Salmo 91

El que habita al abrigo del Altísimo
Morará bajo la sombra del Omnipotente.
Diré yo a Jehová: Esperanza mía, y castillo mío;
Mi Dios, en quien confiaré.
El te librará del lazo del cazador,
De la peste destructora.
Con sus plumas te cubrirá,
Y debajo de sus alas estarás seguro;
Escudo y adarga es su verdad.

No temerás el terror nocturno,
Ni saeta que vuele de día,
Ni pestilencia que ande en oscuridad,
Ni mortandad que en medio del día destruya.
Caerán a tu lado mil,
Y diez mil a tu diestra;
Mas a ti no llegará.
Ciertamente con tus ojos mirarás
Y verás la recompensa de los impíos.
Porque has puesto a Jehová, que es mi esperanza,
Al Altísimo por tu habitación,
No te sobrevendrá mal,
Ni plaga tocará tu morada.

Pues a sus ángeles mandará acerca de ti,
Que te guarden en todos tus caminos.
En las manos te llevarán,
Para que tu pie no tropiece en piedra.
Sobre el león y el áspid pisarás;
Hollarás al cachorro del león y al dragón.

Por cuanto en mí ha puesto su amor, yo también lo libraré;
Le pondré en alto, por cuanto ha conocido mi nombre.
Me invocará, y yo le responderé;
Con él estaré yo en la angustia;
Lo libraré y le glorificaré.
Lo saciaré de larga vida,
Y le mostraré mi salvación.

El poder del Salmo 91

Cuando un teniente de Pensilvania fue accidentalmente descubierto por el enemigo mientras intentaba llevar a cabo una misión muy importante en el extranjero, inmediatamente se puso en las manos de Dios, pero las únicas palabra que pudieron salir de su boca fueron: "Señor, ahora te toca a ti". Antes de tener una oportunidad de defenderse, el enemigo disparó a quemarropa, alcanzándolo en el pecho y haciendo que se cayera de espaldas. Pensando que estaba muerto, su compañero le quitó de las manos la carabina, la puso a la altura de la suya y comenzó a disparar con ambas armas. Cuando su amigo terminó, no quedó ni un solo enemigo. Más adelante, la hermana del teniente en Pensilvania recibió una carta relatando esta increíble historia. La fuerza de aquella bala en el pecho solamente había dejado aturdido a su hermano. Sin pensarlo, él se tocó la herida, pero lo que sintió fue su Biblia en su bolsillo. Sacándola, encontró un feo agujero en la tapa. La Biblia que él llevaba había protegido su corazón. La bala había atravesado Génesis, Éxodo…y había seguido libro tras libro, deteniéndose en la mitad del Salmo 91, señalando como si fuera un dedo el versículo 7: "Caerán a tu lado mil, y diez mil a tu diestra; mas a ti no llegará". El teniente exclamó: "No sabía que este versículo estuviera en la Biblia, pero, precioso Dios, gracias por ello".[1] Él ni siquiera sabía que existía este salmo de protección hasta que el Señor se lo reveló de modo sobrenatural.

Quizá su protección no se manifieste tan dramáticamente como lo hizo con este teniente del ejército, pero su promesa es igual de confiable. ¡Este libro demostrará el poder del Salmo 91 para salvar literalmente su vida!

SE PREPARA LA ESCENA

L OS DOMINGOS ERAN NORMALMENTE un consuelo, ¡pero no aquel domingo en particular! Nuestro pastor se veía inusualmente serio aquel día a medida que hacía el anuncio de que uno de nuestros diáconos más queridos y fieles había recibido un diagnóstico de leucemia y sólo le quedaban algunas semanas de vida. Solamente el domingo anterior, este diácono de aspecto robusto que tenía cuarenta y tantos años de edad, había estado en su lugar normal en el coro, viéndose tan sano y feliz como siempre. Ahora, un domingo después, toda la congregación estaba en un estado de conmoción después de oír tan inesperado anuncio. Sin embargo, yo no tenía idea de que este incidente prepararía el camino para un mensaje que iba a arder para siempre en mi corazón.

De modo sorprendente, me había ido a casa desde la iglesia aquel día sintiendo muy poco temor, quizá porque estaba entumecida de la conmoción de lo que había oído. Recuerdo vívidamente estar sentada en el borde de la cama aquella tarde y decir en voz alta: "Señor, ¿hay alguna manera de ser protegido de todos los males que vienen sobre la tierra?". Yo no esperaba una respuesta; meramente estaba dando voz al pensamiento que pasaba una y otra vez por mi mente. Recuerdo tumbarme en la cama y quedarme dormida de inmediato, para despertarme sólo unos cinco minutos después. Sin embargo, en esos cinco minutos tuve un sueño muy inusual.

En el sueño, yo estaba en un campo abierto, haciendo la misma pregunta que había orado anteriormente: "¿Hay alguna manera de ser protegido de todos los males que vienen sobre la tierra?". Y, en mi sueño, oí estas palabras:

> Me invocará, y yo le responderé; con él estaré yo en
> la angustia.

De repente, supe que tenía la respuesta que por tanto tiempo había estado buscando. El gozo eufórico que sentí estaba por encima de cualquier cosa que pudiera describir. Para sorpresa mía, al instante había cientos de personas conmigo en el sueño en ese campo abierto, alabando y dando gracias a Dios por la respuesta. Sin embargo, no fue hasta el día siguiente cuando oí una referencia al Salmo 91 en una cinta de audio de Shirley Boone, que de repente *supe en mi corazón* que *cualquier cosa* que estuviera en ese salmo era la respuesta de Dios a mi pregunta. Casi rasgué mi Biblia en mi prisa por ver lo que decía. Allí estaba en el versículo 15: la misma frase que Dios me había hablado en mi sueño. ¡Apenas si podía creer lo que veían mis ojos!

Creo que usted, lector, que está leyendo este libro, está entre los muchos cristianos a quienes Dios está revelando de manera sobrenatural este salmo. Ustedes fueron los que aparecieron conmigo en mi sueño en ese campo abierto que, a través del mensaje en este libro, recibirán su respuesta a la pregunta: "¿Puede un cristiano ser protegido en medio de estos tiempos turbulentos?".

Desde principios de los años setenta, he tenido muchas oportunidades de compartir este mensaje. Siento que Dios me ha encargado que escriba este libro para proclamar el *pacto de protección* de Dios. Que usted sea sinceramente bendecido por él.

—PEGGY JOYCE RUTH

SALMO 91

¿DÓNDE ESTÁ MI MORADA?

El que habita al abrigo del Altísimo
Morará bajo la sombra del Omnipotente.

—SALMO 91:1

HA ESTADO ALGUNA VEZ dentro de una cabaña con un fuego bien caliente en la chimenea, disfrutando de un maravilloso sentimiento de seguridad a la vez que observaba una enorme tormenta eléctrica en el exterior? Es una cálida y maravillosa sensación, sabiendo que está cobijado y protegido de la tormenta. De eso trata el Salmo 91: ¡*refugio!*

Estoy segura de que puede pensar en algo que represente *seguridad* para usted personalmente. Cuando yo pienso en seguridad y protección, tengo un par de recuerdos de la niñez que automáticamente vienen a mi mente. Mi papá era un hombre grande y musculoso que jugó fútbol americano durante sus años de escuela y de universidad, pero interrumpió sus estudios para servir en el ejército durante la Segunda Guerra Mundial. Madre, que estaba embarazada de mi hermano pequeño, y yo vivíamos con mis abuelos en San Saba, Texas, mientras papá estaba de servicio. Aunque yo era muy pequeña, recuerdo vívidamente un día eufóricamente feliz cuando mi papá inesperadamente abrió la puerta y entró en la sala de mi abuela. Antes de aquel importante día, yo había estado atormentada de temores porque algunos niños vecinos nuestros me habían dicho que nunca volvería a ver a mi papá. Como niños que cuentan historias de fantasmas, ellos me decían que mi papá regresaría a casa en una caja. Cuando él entró por aquella puerta, *un sentimiento de paz y seguridad me abrumó y se quedó conmigo el resto del tiempo que él estuvo en el ejército.*

Ya había pasado el momento de que mi hermanito naciese, y descubrí cuando fui más mayor que la unidad militar de papá en aquel momento estaba siendo trasladada por tren desde Long Beach, California, a Virginia Beach, Virginia. El tren pasaba por Fort Worth, Texas de camino a Virginia, así que mi papá fue desde Fort Worth hasta San Saba con la esperanza de ver a su nuevo hijo. Entonces hizo autoestop hasta agarrar el tren poco antes de que llegase a Virginia Beach. El recuerdo de su entrada en aquella habitación aún produce un sentimiento de tranquila calma a mi alma. De hecho, ese incidente preparó el escenario para que más adelante buscase la seguridad de la presencia que un Padre *celestial* podía proporcionar.

¿Sabía que hay un lugar en Dios—un lugar secreto—para quienes quieren buscar refugio? *Es un lugar literal de seguridad física del que Dios nos habla en el Salmo 91.*

Habitar al abrigo del Altísimo es la manera de enseñar fe del Antiguo Testamento. Esto nos da la ilustración más intensa de la esencia misma de una relación personal con Dios. El hombre no tiene un cobijo innato en su interior. Si está solo, está sin cobijo contra los elementos y debe correr hacia *el refugio* de Él. En el primer versículo del Salmo 91, Dios nos ofrece más que protección, es como si Él desplegara la alfombra de la hospitalidad y personalmente nos invitase a entrar.

No puedo hablar sobre este tipo de paz y seguridad sin también tener otro vívido recuerdo en mi mente. Mis padres una vez nos llevaron a mis hermanos más pequeños y a mí a pescar a un lago cerca de Brownwood, Texas, para pasar una tarde de diversión.

Papá tenía un lugar apartado donde pescábamos percas. Ese era el segundo punto fuerte de la excursión. Me encantaba ver el corcho comenzar a moverse y de repente quedar fuera de la vista. Había solamente unas cuantas cosas que podían emocionarme más que la sacudida de aquella vieja caña y estirar y sacar una inmensa perca y dejarla en la barca. Creo que yo ya había crecido del todo cuando me di cuenta de que papá tenía un motivo oculto para llevarnos a pescar percas. Él usaba la perca como cebo para el hilo de pesca que había extendido por una de las calas secretas en el lago.

Papá llevaba la barca hasta el lugar donde estaban situados sus cebos, apagaba el motor y avanzaba lentamente la barca por la cala a la vez que *comprobaba el hilo*. Así es como él lo llamaba cuando sacaba el hilo con sus manos y acercaba la barca a lo largo de todos los cebos estratégicamente situados para ver si alguno de ellos había agarrado un gran bagre.

Dije que agarrar las percas era el *segundo* punto fuerte de la excursión. Con mucho, la mayor emoción llegaba cuando papá llegaba a un lugar donde el hilo comenzaba a moverse y casi se le escapaba de las manos. Entonces, los tres hermanos observábamos, con los ojos abiertos como platos, mientras papá luchaba con el hilo hasta que, finalmente, en victoria, lanzaba un gran bagre por el lado de la barca, dejándolo justamente en el piso a nuestros pies. ¡El dinero no podía comprar ese tipo de emoción! Ni siquiera el circo y un parque de atracciones unidos en un solo lugar podían competir con ese tipo de emoción.

Sin embargo, una de esas excursiones se convirtió en una de las más marcadas, convirtiéndose rápidamente en una experiencia que nunca olvidaré. Había sido hermoso cuando comenzamos, pero para cuando habíamos terminado nuestra pesca de percas y nos dirigíamos hacia la cala, todo había cambiado. Una tormenta llegó sobre el lago tan de repente, que no hubo tiempo para regresar a la cubierta de botes. El cielo se puso negro, comenzaron a verse relámpagos, y caían gotas de lluvia con una fuerza tal que realmente hacían daño cuando golpeaban. Momentos después, éramos apedreados por granizo del tamaño de bolitas.

Vi el temor en los ojos de mi madre y supe que estábamos en peligro. Pero antes de que tuviera tiempo para preguntarme qué íbamos a hacer, papá había llevado el bote hasta la accidentada costa de la única isla que había en el lago. Aunque ahora hay cubiertas para botes que rodean la isla, en aquel entonces parecía una isla abandonada sin ningún lugar en absoluto donde cubrirse. En momentos, papá nos hizo salir a todos de la barca y ordenó que nosotros tres nos tumbásemos al lado de nuestra madre en el suelo. Él enseguida sacó una lona alquitranada que había en el fondo del bote, se arrodilló en el suelo a nuestro lado y lanzó la lona por encima de los cinco. Aquella tormenta continuó arreciando fuera de la tienda hecha a mano que él había construido sobre nosotros; la lluvia caía, había relámpagos, y truenos, sin embargo, yo no podía pensar en ninguna otra cosa sino en cómo se sentía tener los brazos de mi papá rodeándonos. Había cierta calma bajo la protección del escudo que mi padre había proporcionado que es difícil de explicar ahora. De hecho, yo nunca me había sentido tan segura en toda mi vida. Recuerdo pensar que desearía que la tormenta durase para siempre. No quería que ninguna otra cosa estropease la maravillosa seguridad que yo sentí aquel día *en nuestro lugar de refugio secreto*. Al sentir los brazos protectores de mi padre alrededor de mí, no quería que ese momento terminase nunca.

Aunque nunca he olvidado aquella experiencia, en la actualidad ha adoptado un nuevo significado. Al igual que papá puso una lona sobre nosotros para protegernos de la tormenta, nuestro Padre celestial tiene un *lugar secreto* en sus brazos que nos protege de las tormentas que arrecian en el mundo que nos rodea.

Ese *lugar secreto* es literal, ¡pero también es condicional! En el versículo 1 del Salmo 91, Dios enumera nuestra parte de la condición antes de que siquiera mencione las promesas incluidas en la parte de Él. Eso se debe a que *nuestra parte* tiene que venir primero. Para morar bajo la *sombra* del Omnipotente, primero debemos *escoger habitar* al abrigo del Altísimo.

La pregunta es: "¿Cómo habitamos en la seguridad y el abrigo del Altísimo?". Es algo más que una experiencia intelectual. Este versículo habla de un lugar de habitación en el cual podemos estar físicamente protegidos si acudimos a Él. Puede que crea profundamente que Dios es su refugio, puede dar asentimiento mental a ello en su tiempo de oración, puede enseñar lecciones de escuela dominical sobre este concepto del refugio y hasta puede que sienta un cálido sentimiento cada vez que piensa en ello, pero a menos que haga algo al respecto—*a menos que realmente se levante y corra al refugio*—nunca lo experimentará.

Podría llamar a ese lugar de refugio, ¡*un camino de amor*! De hecho, el lugar secreto es, en realidad, la intimidad y la familiaridad de la presencia de Dios mismo. Cuando nuestros nietos Cullen, de diez años, y Meritt, de siete, se quedan a pasar la noche con nosotros, en el momento en que terminan el desayuno, cada uno de ellos corre a su propio lugar secreto para pasar algún tiempo hablando con Dios. Cullen encuentra un lugar detrás del sofá en el estudio y Meritt se dirige detrás de la mesilla en el rincón de nuestro dormitorio. Esos lugares han llegado a ser muy especiales para ellos.

¿Dónde está su lugar secreto? También usted necesita la seguridad y el refugio de un lugar secreto con el Altísimo.

¿QUÉ ESTÁ SALIENDO DE MI BOCA?

Diré yo a Jehová: Esperanza mía, y castillo mío;
Mi Dios, en quien confiaré.

—SALMO 91:2

NOTEMOS QUE EL VERSÍCULO 2 dice: "Diré...". Rodea con un círculo la palabra *diré* en tu Biblia, porque debemos aprender a verbalizar nuestra confianza. Respondemos a Dios lo que Él nos dice en el primer versículo. ¡Hay poder en volver a decirle a Él su Palabra!

No se nos dice simplemente que *pensemos* en la Palabra. Se nos dice que *digamos* la Palabra. Por ejemplo, Joel 3:10 dice que el débil diga: "Soy un hombre fuerte". Una y otra vez encontramos a grandes hombres de Dios como David, Josué, Sadrac, Mesac, y Abed-nego declarando sus confesiones de fe en voz alta en situaciones peligrosas. Notemos lo que comienza a suceder en el interior cuando uno dice: "Señor, tú eres mi refugio; tú eres mi fortaleza; ¡tú eres mi Señor y mi Dios! ¡En ti pongo mi total confianza!". Cuanto más lo decimos en voz alta, más confiados nos volvemos en la protección de Él.

Muchas veces, como cristianos, estamos de acuerdo mentalmente en que el Señor es nuestro refugio, pero eso no es suficiente. Poder es liberado al decirlo en voz alta. Cuando lo pronunciamos y lo decimos de veras, estamos situándonos a nosotros mismos en el refugio de Él. Al poner voz a su señorío y su protección, abrimos la puerta al lugar secreto.

No podemos pasar por alto el hecho de que este versículo utiliza *mi* tres veces: "esperanza mía", "castillo mío", "mi Dios". El salmista hace una afirmación personal a Dios. La razón de que podamos confiar es que sabemos quién es Dios para nosotros. Este versículo hace la analogía de quién es Dios; Él es un *refugio* y un *castillo*. Estas metáforas son importantes términos militares. Dios mismo se convierte en el lugar defensivo para nosotros contra todos los enemigos invasores. Él es personalmente nuestra protección.

¿Ha intentado alguna vez protegerse de todas las cosas malas que pueden suceder? Dios sabe que no podemos hacerlo. El Salmo 60:11 nos dice: "…vana es la ayuda de los hombres". Dios tiene que ser nuestro refugio antes de que las promesas del Salmo 91 lleguen a funcionar.

Podemos ir al doctor una vez al mes para que nos haga un chequeo. Podemos revisar doblemente nuestros vehículos cada día para asegurarnos de que los motores, los neumáticos y los frenos están en buen estado. Podemos cubrir con material ignífugo nuestra casa y almacenar alimentos para un periodo de necesidad. Podemos tomar todas las precauciones imaginables que el ejército ofrezca, pero aun así no podemos hacer lo suficiente para protegernos de todo peligro potencial que la vida tiene que ofrecer. ¡Es imposible!

No es que ninguna de esas precauciones sea errónea; es que ninguna de esas cosas, por sí misma, tiene la capacidad de proteger. Dios tiene que ser Aquel a quien primero acudamos. *Él es el único que tiene una respuesta para cualquier cosa que pueda venir.* Cuando pienso en lo totalmente imposible que es protegernos a nosotros mismos de todos los males del mundo, pienso en las ovejas. Las ovejas no tienen verdadera protección excepto su pastor. De hecho, una oveja es el único animal en que puedo pensar que no tiene *ninguna* protección innata. No tiene dientes afilados, ningún aroma ofensivo que lanzar para ahuyentar a sus enemigos, ningún ladrido fuerte, y ciertamente no puede correr con bastante rapidez para escaparse del peligro. ¡Por eso la Biblia nos llama el rebaño de Dios! Dios está diciendo: "Quiero que me vean como su fuente de protección. Yo soy su pastor". Ahora bien, Él puede utilizar doctores, policías, bomberos, refugios, cuentas bancarias, etc., para satisfacer nuestras necesidades concretas, pero corazón tiene que correr primero a Él como nuestro pastor y protector. Entonces *Él* escogerá el método que desee para producir la protección.

Algunos citan el Salmo 91 como si fuera cierto tipo de *varita mágica*, pero no hay nada mágico en este salmo. Es poderoso, y funciona sencillamente porque es la Palabra de Dios, viva y activa. Y la confesamos en voz alta simplemente porque la Biblia nos dice que lo hagamos.

Cuando estoy afrontando algún desafío, he aprendido a decir: "En esta situación en particular [nombro la situación en voz alta] escojo confiar en ti, Señor". La diferencia que marca cuando proclamo mi confianza en voz alta es increíble.

Tome nota de lo que sale de su boca en momentos de problemas. Lo peor que puede suceder es que salga algo que produzca muerte. Maldecir no le da nada a Dios con lo que trabajar. Este salmo nos dice que hagamos justamente lo contrario: ¡hablar vida!

C. B. Morelock, corresponsal de guerra en la Segunda Guerra Mundial, informó de una situación inexplicable y milagrosa: Sesenta aviones alemanes ametrallaron a más de cuatrocientos hombres que quedaron atrapados en las arenosas playas de Dunkirk sin el beneficio de ningún lugar donde cubrirse. Aunque los hombres fueron repetidamente atacados por ametralladoras y bombardeados por aviones enemigos, ni uno solo de los hombres fue alcanzado. Todos los hombres *de ese grupo* salieron de la playa sin ningún rasguño. Morelock afirmaba: "Los marineros que recogieron a esos supervivientes de Dunkirk me han dicho personalmente que los hombres no sólo recitaban el Salmo 91, ¡sino que lo gritaban a todo pulmón!".[1] ¡Decir nuestra confianza en voz alta libera fe!

Otra ocasión en que Dios produjo vida en una situación de muerte sobresale en mi memoria. Toda la familia se alegró cuando nuestra nuera, Sloan, recibió un informe positivo en la prueba de embarazo y descubrieron que ella iba a tener al primer nieto por ambas partes de la familia. Ya que ella había tenido un embarazo tubárico anteriormente, haciéndola susceptible de tener otro, el doctor ordenó un sonograma como medida de precaución.

El inquietante resultado del sonograma fue: "No se encuentra feto, gran cantidad de agua en el útero y puntos de endometriosis". Con sólo dos horas de antelación, se procedió a realizar una cirugía de emergencia, en la cual el doctor realizó una laparoscopia, drenó el útero, y raspó la endometriosis. Después de la cirugía, las palabras del doctor fueron: "Durante la laparoscopia miramos con detalle por todas partes y no había señal de bebé, pero quiero verla en mi consulta dentro de una semana para estar seguro de que no vuelva a producirse fluido". Cuando Sloan argumentó que la prueba de embarazo había sido positiva, él dijo que había un 99 por ciento de posibilidad de que el bebé hubiera sido abortado naturalmente y absorbido en el conducto uterino.

Aun así, cuando el doctor salió de la habitación, Sloan era la única persona que no quedó desconcertada por su informe. Lo que ella dijo a continuación sorprendió a todos. Afirmó enfáticamente que aunque el doctor la hubiera dejado con un por ciento de posibilidades, ella iba a tomar esa posibilidad. Desde aquel momento en adelante, ninguna cantidad de desánimo por parte de amigos con buena intención que no querían que ella quedara defraudada tuvo ningún efecto en ella. Ni una sola vez ella vaciló en confesar en voz alta el Salmo 91 y otra promesa de la Escritura que había encontrado: "No moriré [mi hijo], sino que viviré, y contaré las obras de JAH" (Salmo 118:17). Un querido libro que fue muy importante para Sloan durante ese periodo fue *Supernatural Childbirth*, de Jackie Mize.[2]

Una expresión extraña se produjo en la cara del técnico la semana siguiente cuando le realizó el ultrasonido. Ella inmediatamente llamó al médico. Su reacción fue un poco desconcertante para Sloan, hasta que Sloan oyó estas palabras: "Doctor, creo que necesita venir aquí rápidamente. ¡Acabo de encontrar un feto de seis semanas!". No fue otra cosa que un milagro que tal cirugía tan grave e invasiva no hubiera dañado o destruido esa delicada vida en sus primeras etapas. Cuando miro a mi nieto, es difícil imaginar la vida sin él. Le doy gracias a Dios por una nuera que cree en su pacto y no se avergüenza de *confesarlo en voz alta* ante cada informe negativo.

Nuestra parte de este pacto de protección se expresa en los versículos 1 y 2 del Salmo 91. Notemos con mucha atención estas palabras: "El que *habita*..." y "*Diré* yo...". Estas palabras, que suponen *nuestra responsabilidad* bajo los términos de este pacto, liberan el poder de Dios para cumplir sus increíbles promesas, las cuales se nos dan en los versículos 3-16, que veremos en los próximos capítulos.

LIBERACIÓN EN DOS SENTIDOS

El te librará del lazo del cazador,
De la peste destructora.

—Salmo 91:3

¿HA VISTO ALGUNA VEZ una película en la que un cazador de pieles viaja a lo profundo de las montañas en un clima muy frío? Pone muchos cebos, trampas de acero, las cubre con ramas y entonces espera que algún incauto animal se meta en la trampa. Esas trampas no estaban ahí por casualidad. El cazador ha puesto mucha atención para ponerlas en puntos muy estratégicos. En tiempos de guerra, un campo de minas se prepara de la misma manera. Esas minas terrestres se ponen metódicamente en puntos bien calculados.

Estas son imágenes de lo que el enemigo nos hace. ¡Por eso se le llama el *cazador*! Las trampas que están preparadas para nosotros no están ahí por accidente. Es como si la trampa llevase el nombre de usted en ella. Están hechas a la medida, situadas y cebadas específicamente para cada uno de nosotros. Pero al igual que un animal atrapado en una trampa, cuando somos atrapados sufrimos un lento y doloroso proceso. No morimos al instante. Quedamos atrapados hasta que el cazador viene a destruirnos.

Nunca olvidaré una tragedia que le sucedió a una buena amiga mía. Su esposo, habiendo renunciado en medio de numerosas posibilidades de carrera que requirieron varias mudanzas costosas, finalmente se alistó en el ejército sin consultar a nadie, ni a su esposa. Fue difícil para esta joven esposa que fielmente había soportado incontables y abruptas alteraciones y cambios de dirección en su modo de vida. Sin embargo, ella le dio su apoyo y constantemente defendía la conducta de su esposo.

Desgraciadamente, la baja autoestima de él y su conducta inmadura hicieron de él un candidato perfecto para caer en una de las trampas del enemigo. Había estado tan acostumbrado a ceder a los deseos de su carne, que cuando el enemigo puso a una hermosa y dispuesta joven delante de él, él temporalmente se olvidó de su fiel esposa que estaba en casa y que le había apoyado tanto. Aquello fue *la gota que colmó el vaso*. No es repetitivo decir: "Las personas heridas hieren a personas". Esta pareja quedó enredada en una espiral descendente. Los años de dolor y abnegación de ella la dejaron sin esperanza y el matrimonio nunca pudo ser restaurado. Debido a que la pareja era ignorante de las maquinaciones del enemigo, la trampa tan cuidadosamente puesta logró exactamente lo que el cazador buscaba lograr. El cebo se puso en el momento exacto en que este hombre era más vulnerable a caer.

El enemigo sabe exactamente lo que es más probable que nos enganche, y sabe exactamente qué *pensamiento* poner en nuestra mente para llevarnos a la trampa. Por eso Pablo nos dice en

2 Corintios 2:11 que no hemos de ignorar las maquinaciones del enemigo. Entonces dice:

> Porque las armas de nuestra milicia no son carnales, sino poderosas en Dios para la destrucción de fortalezas, derribando argumentos y toda altivez que se levanta contra el conocimiento de Dios, y llevando cautivo todo pensamiento a la obediencia a Cristo.
>
> —2 CORINTIOS 10:4–5

Dios no sólo nos libera del lazo puesto por el cazador (Satanás), sino que, según la última parte del Salmo 91:3, también nos libera de la *peste* destructora. Yo siempre pensé que una peste era algo que atacaba a las cosechas: insectos, langostas, saltamontes, arañas, moho, o descomposición de las raíces. Sin embargo, después de hacer un estudio por palabra de la palabra *peste*, descubrí, para sorpresa mía, que la peste ataca a las personas, ¡no a las cosechas!

Peste es "cualquier enfermedad virulenta o fatal; una epidemia que golpea a masas de personas".[1] Estas enfermedades mortales se adhieren al cuerpo de una persona con la intención de destruirla. Pero Dios nos dice en el versículo 3 que Él nos librará de esas enfermedades mortales.

Hay todo tipo de enemigos: tentaciones, enemigos espirituales y enemigos físicos. Los médicos que estudian los ataques de gérmenes y bacterias al cuerpo describen escenas de batallas celulares comparables a conflictos militares. No es sorprendente que cada uno de esos enemigos trabaje de maneras similares y estratégicas. Inicialmente, estuve en un dilema después de mi estudio de la palabra, preguntándome si Dios realmente quiso decir una peste literal. Me llevó un tiempo ver el lado espiritual de los ataques del enemigo y la obra interna de la guerra espiritual en el cuerpo como un concepto paralelo a la enfermedad. Solamente el hombre intenta escoger entre liberación física y espiritual; la Escritura incluye ambas. (Notemos cómo Jesús demuestra que su poder opera en todos los niveles con un cumplimiento literal y físico en Mateo 8:16–17). Cuando el mal es servido, parece igual en el plato. La Escritura trata ambas cosas mediante versículos claros que prometen sanidad física y liberación literal.

Dios es muy bueno y confirma su Palabra cuando alguien le busca con un corazón abierto. Justamente después de haber recibido el sueño sobre el Salmo 91 y de estar tratando de digerir todas esas promesas de protección y de que comprendiese el hecho de que Dios es quien siempre envía bien y no mal, Satanás estaba al otro lado intentando desalentar mi fe en cada ocasión. Debido a que yo era muy joven en mi convicción, y luchaba mucho por mantenerla en medio de un mundo que no cree en la bondad sobrenatural de Dios, quedé devastada cuando un pensamiento llegó a mi mente una mañana mientras me preparaba para ir a la iglesia: "Si Dios quiere que caminemos en salud, ¿por qué creó Él los gérmenes?". Ese solo pensamiento intentaba desmantelar por completo mi fe en la verdad recién encontrada de que Dios había provisto sanidad en la expiación.

De hecho, yo estaba tan alterada que ni siquiera creía que podía motivarme a mí misma para ir a la iglesia aquella mañana. Recuerdo entrar en mi cuarto, donde literalmente me postré sobre mi rostro delante de Dios, preguntándole cómo podrían ser reconciliados esos dos hechos. Tan claramente como una campana, Dios habló a mi espíritu: "Confía en mí, levántate y vete, y te daré una respuesta". Me levanté con emociones mezcladas. Sin lugar a duda, había oído a Dios hablar a mi espíritu, pero no podía ver manera en la cual Él pudiera resolver de modo satisfactorio esa pregunta que yo tenía en mi cabeza. ¿Por qué *crearía* Dios un germen para ponernos enfermos, si Él, de hecho, quiere que caminemos en salud divina? Fui a la iglesia aquella mañana bajo una nube de pesadez y no podría decir sobre qué tema predicó el pastor, Bert Maxfield. Pero en algún punto en medio de su sermón, él hizo esta afirmación: "Dios creó todo bueno. Tomemos los gérmenes, por ejemplo; los gérmenes no son otra cosa que plantas y animales microscópicos que el enemigo pervirtió y utiliza para extender enfermedades". Entonces se detuvo, y con una extraña expresión en su cara, dijo: "No tengo idea de dónde vino ese pensamiento. No estaba en mis notas". Y prosiguió con su sermón. Debo admitir que casi interrumpo el servicio, porque no podía evitar dar saltos de alegría en el banco. Lo increíble de Dios fue más de lo que yo podía asimilar sin que saliera a borbotones de mí. Dios no podía haber hecho nada más que fortaleciese mi fe para la sanidad que lo que hizo ese incidente aquella mañana.

¿Siente algunas veces que hay oposición que le llega desde todos los frentes? El Salmo 91:3 aborda los ataques del enemigo desde el lado tanto físico como espiritual. Uno de nuestros familiares fue a cierto país como misionero e hizo el comentario: "Este es un país donde hay muchas maneras de morir". Tanto las malas condiciones de salud como la hostilidad en el país proporcionaban muchos peligros. Usted encontrará enemigos que atacarán su mente (pensamientos), algunos que atacarán su cuerpo internamente (gérmenes) y otros que atacarán con armas (personas). Este es su versículo, asegurándole su liberación de todas las variedades de daño.

Considere conmigo un área más de protección física del daño. Muchas veces en la guerra, se ponen trampas que pueden jugar con la mente humana: tragedias en las cuales mueren accidentalmente personas inocentes. Yo creo que la Escritura también habla de esto. Cuando Jesús envió a los discípulos, les dio estas instrucciones: "He aquí, yo os envío como a ovejas en medio de lobos; sed, pues, prudentes como serpientes, y sencillos como palomas"

(Mateo 10:16). Es una instrucción interesante que a uno le digan que sea prudente como una serpiente (para no sufrir daño), pero a la vez inocente como una paloma (para no causar daño). Cada año en el Rodeo de serpientes de Texas, los hombres con frecuencia diseccionan serpientes de cascabel con sus cuchillos para la audiencia que mira sosteniendo la respiración. Ellos abren la boca de la serpiente para revelar los colmillos y sacarles el veneno. Entonces, con un cuchillo abren la gruesa y escamosa cubierta de piel con su ágil estructura muscular. Después de ver las partes internas, se hace obvio que la serpiente está hecha para causar daño. No es así con la paloma. Cuando un cazador limpia una paloma, primero le quita las plumas. No hay escamas, ninguna mandíbula peligrosa, ni ningún veneno mortal. La paloma no tiene nada en ella que cause daño. En esta analogía, se nos enseña como ovejas en medio de lobos que seamos tan astutos como la serpiente, pero tan inocentes como las palomas. Esto se ocupa del daño en dos direcciones. Yo creo que hemos de reclamar la promesa de este versículo: Que Dios nos proteja de ser dañados y de dañar a personas inocentes. Ore, por ejemplo, para que Dios le proteja de atropellar a un niño que va en bicicleta, de estar implicado en un accidente que mate a otra persona, o de causar que alguien se aleje de la fe.

Más de una persona ha sido traumatizada por hacer daño inconscientemente a alguien a quien nunca tuvo intención de dañar. En el ejército, la conciencia de un soldado puede ser fácilmente herida al causar un daño no intencionado, como el fuego amigo accidental, un error médico en un paciente, un plan que sale mal, o un civil muerto por una bala perdida. Al igual que un soldado, necesitamos ser librados también del daño no intencionado.

Dios puso esta promesa preventiva en el versículo 3 para que usted esté firme en la protección de ambas maneras en que el daño puede destruir una vida.

Sería sorprendente darnos cuenta realmente de la frecuencia con que Satanás ha tendido una trampa esperándonos precisamente a nosotros. ¡Qué devastadores pueden ser los resultados! Mi hija estaba utilizando una trampa para animales como ilustración en su estudio bíblico. Realmente había puesto la trampa y, como precaución extra, tenía a un estudiante cuidando de ella para que nadie resultase herido accidentalmente. Sin embargo, de algún modo, uno de los estudiantes más impulsivos, en un instante, se acercó y simplemente puso su dedo pulgar en la parte más peligrosa de la trampa, preguntando: "¿Qué es esto?". Se cerró. Parecía como si el pulgar hubiera sido cortado, y fueron necesarias dos personas a cada lado de la trampa para sacar su dedo pulgar de ella. Ya que la enseñanza se estaba grabando, se podían oír los gritos, el ruido de los muelles de la trampa, y la histeria de quienes intentaban ayudar a abrir la trampa.

El estudiante herido dijo que su dolor no habría sido tan malo si uno de aquellos que *ayudaban* no hubiera intentado sacar su pulgar antes de que la trampa hubiera sido abierta. Algunos de ustedes, al igual que ese alumno que puso su dedo en la trampa, necesitan enseñarse a sí mismos a detenerse durante el instante en que la tentación levanta su fea cabeza. Diga en voz alta: "Dios me libra del lazo del *cazador*: lo que me hace perder los nervios, esa lujuria que intenta levantarse en mi corazón, esa persona que constantemente me ofende, ese mal comentario que sale de mi boca en un momento acalorado, y esa situación que siempre hace que me frustre".

No conozco a muchas personas que hayan pensado en el Salmo 91 como una buena promesa de la Escritura para ayudarles en la tentación y evitar que alguien quede atrapado en esa trampa del pecado repetitivo. El versículo 3 es una buena promesa de liberación para que la atesore en su corazón y haga que salga de su boca como protección de trampas que pueden realmente destruir su vida. Al igual que usted no puede imaginar por qué alguien pondría su dedo en una trampa para probarla, el Salmo 91 tiene una provisión para esos pecados impulsivos que cometemos sin pensar.

Este es un poderoso versículo que habla de más de sólo un tipo de trampa. Preste especial atención al aspecto doble de esta liberación: (1) del *lazo del cazador*, y (2) de la *peste destructora*. Esto cubre ser liberado de la tentación y ser liberado del daño. Es similar a la petición en el Padrenuestro: "Y no nos metas en tentación, mas líbranos del mal" (Mateo 6:13).

Nuestro hijo, Bill, nació con una grave enfermedad de la membrana en sus pulmones. Quedamos alarmados porque era la misma enfermedad que había matado al bebé del Presidente Kennedy, aun teniendo a algunos de los mejores doctores, justamente poco tiempo antes de que Bill naciera.

Nadie del personal del hospital esperaba que Bill viviese y lo metieron en una incubadora durante más de un mes. Cada día íbamos al hospital solamente para observarle a través de un gran ventanal. Fueron momentos difíciles, pero de algún modo Dios nos dio a mi esposo y a mí un don de fe para creer que él viviría y no moriría.

Es increíble ver todas las diferentes maneras en que Dios obra misteriosamente cuando confiamos en su Palabra. El doctor de nuestra pequeña ciudad natal fue, sin duda alguna, enviado por Dios. Dos de sus sobrinos habían muerto de esa misma enfermedad y él había dejado de practicar la medicina durante un periodo de tiempo para estudiar y tratar de descubrir una cura para ella. De hecho, el doctor hacía muy poco tiempo que había regresado a la práctica de la medicina cuando Bill nació. Por tanto, cuando se enteró de que Bill tenía exactamente la misma enfermedad que habían tenido sus sobrinos, comenzó a probar con Bill todo lo que había leído durante sus estudios. Y milagrosamente, Bill comenzó a responder a uno de los métodos. Gracias a Dios por esta promesa, porque es Él quien nos libera de la peste destructora. En lugar de perder a nuestro bebé, pudimos llevarlo a casa desde el hospital siendo un bebé perfectamente sanado y sano. Sea lo que sea que usted esté creyendo... sea lo que sea lo que esté pasando... el Salmo 91 habla de la protección disponible para nosotros de todas las enfermedades fatales que están en el mundo que nos rodea.

¿Qué bien haría ser librados del daño sólo para quedar atrapados en un pecado que nos destruya? Por otro lado, ¿qué bien haría ser liberados de un pecado sólo para ser destruidos por una peste destructora? Este versículo cubre ambos aspectos. Gracias a Dios por su liberación tanto de trampas como de peste.

Capítulo

DEBAJO DE SUS ALAS

Con sus plumas te cubrirá,
Y debajo de sus alas estarás seguro.

—SALMO 91:4

UANDO IMAGINA UN AVE magnífica, normalmente no es una gallina lo que le viene a la mente. Yo nunca he visto a una gallina representada en vuelo; muchas águilas, pero ninguna gallina. Citamos el pasaje de Isaías 40:31 que habla sobre levantar las alas como las águilas o con alas como águilas. Existe una diferencia, sin embargo, entre estar *en* las alas de Él y estar *debajo de* sus alas. Esta promesa en el Salmo 91 no desarrolla el tema de las alas *voladoras*, sino de las alas que *cobijan*. Unas indican *fuerza* y *logro*, mientras que las otras denotan *protección* y *familiaridad*. Cuando imagina la calidez de un nido y la seguridad de estar debajo de las alas del amor de una mamá gallina con sus pollitos, eso retrata un vívido cuadro de las alas de refugio de la protección de Dios a las que el salmista se refiere en este pasaje.

¿Está todo el mundo protegido debajo de las alas? ¿Observó que dice: "Con sus plumas te cubrirá, y debajo de sus alas estarás seguro"? Una vez más, ¡nos corresponde a nosotros tomar esa decisión! Podemos buscar refugio debajo de sus alas si *escogemos* hacerlo.

El Señor me dio una vívida imagen de lo que significa buscar refugio debajo de sus alas. Mi esposo Jack y yo vivimos en el campo, y una primavera nuestra vieja mamá gallina empollaba a una nidada de pollitos. Una tarde, cuando estaban todos esparcidos por el patio, de repente vi la sombra de un halcón por encima. Entonces observé algo que me enseñó una lección que nunca olvidaré. Aquella mamá gallina no corrió hacia aquellos pollitos y saltó sobre ellos para intentar cubrirlos con sus alas. ¡No!

En cambio, se agachó, extendió sus alas y comenzó a cloquear. Y esos pequeños pollitos, desde todas las direcciones, llegaron corriendo *hacia ella* para meterse debajo de aquellas alas extendidas. Entonces la gallina bajó sus alas, metiendo a cada pollito seguro debajo. Para llegar a los pollitos, el halcón tendría que pasar por la mamá.

Cuando pienso en aquellos pollitos corriendo hacia su mamá, entiendo que es debajo de las alas de Él donde *podemos* buscar refugio, pero tenemos que correr hacia Él. "Con sus plumas te cubrirá, y debajo de sus alas estarás seguro". ¡Nos corresponde a nosotros! Lo único que esa mamá gallina hizo fue cloquear y extender sus alas para decirles a sus pollitos dónde ir. Estos versículos muestran el lado maternal de la protección de Él:

Como las aves que vuelan, así amparará Jehová de los ejércitos a Jerusalén, amparando, librando, preservando y salvando. Volved a aquel contra quien se rebelaron profundamente los hijos de Israel.

—Isaías 31:5–6

> ¡Jerusalén, Jerusalén, que matas a los profetas, y apedreas a los que te son enviados! ¡Cuántas veces quise juntar a tus hijos, como la gallina junta sus polluelos debajo de las alas, y no quisiste!
>
> —MATEO 23:37

Notemos el contraste entre la disposición de Dios y nuestra falta de disposición—su querer contra nuestro no querer—, su deseo contra nuestra falta de deseo. ¡Qué increíble analogía para mostrarnos que Él ofrece protección que nosotros no aceptamos!

Es interesante que Jesús utilice la relación del amor *maternal* para demostrar su unión con nosotros. Hay una cierta ferocidad en el amor maternal que no podemos pasar por alto. Dios está profundamente comprometido con nosotros, sin embargo, al mismo tiempo, *nosotros podemos rechazar* sus brazos extendidos si escogemos hacerlo. Están a nuestra disposición, pero no es algo automático.

Dios no corre de aquí para allá, intentando cubrirnos. Él dijo: "Yo he hecho posible la protección. ¡Corre hacia mí!". Y cuando sí corremos a Él en fe, *¡el enemigo entonces tiene que pasar por encima de Dios para alcanzarnos!* Qué pensamiento tan consolador.

Permita que ponga una ilustración. Había un hombre que secuestró un auto. La mujer que conducía el auto había estado estudiando el Salmo 91 en la iglesia, pero en el trauma del momento, sólo recordaba que había algo sobre estar bajo la protección de sus alas, así que comenzó a gritar: "Plumas, plumas". El asaltante quedó tan sorprendido por la reacción de ella, que se detuvo en seco, se dio la vuelta y huyó para salvar su vida. Pero, como dije, esta protección no es automática. Por tanto, ¿cómo ponemos en funcionamiento esta promesa? Ya que no podemos correr físicamente hacia Dios, ¿cómo lo hacemos? Este salmo nos proporciona una estupenda analogía del reino animal, ¿pero cómo podemos poner en práctica esta promesa en nuestra vida? Al igual que aquella mujer, corremos hacia Dios con nuestra boca; corremos hacia Dios con nuestro corazón; corremos hacia Dios con nuestra fe, como aquellos pollitos van corriendo hacia esas *plumas*.

Capítulo

CASTILLO FUERTE ES MI DIOS

Escudo y adarga es su verdad.

—SALMO 91:4

Es la fidelidad *DE DIOS* a sus promesas lo que es nuestro escudo. ¡No es únicamente nuestra fidelidad! Dios es fiel a las promesas que Él ha hecho.

Cuando el enemigo llegue a susurrar pensamientos de temor o condenación a su mente, usted puede rechazar su ataque diciendo: "Mi fe es fuerte porque *sé que mi Dios es fiel, ¡y su fidelidad es mi escudo!*".

Con mucha frecuencia oigo a personas decir: "No puedo habitar en el refugio de Dios. Fallo muchas veces. Me siento culpable e indigno". Dios conoce todo acerca de nuestras debilidades. Por eso Él entregó a su Hijo. No podemos ganarnos o merecernos más esta protección de lo que podemos ganarnos o merecernos nuestra salvación. Lo principal es que, si resbalamos y caemos,

27

no debemos quedarnos caídos. Levántese, arrepiéntase, y regrese debajo de ese escudo de protección. Afortunadamente, este versículo dice que es la fidelidad de Él, no la nuestra, la que es nuestro escudo.

> Si fuéremos infieles, él permanece fiel; El no puede negarse a sí mismo.
>
> —2 Timoteo 2:13

Mi hija una vez resbaló y se cayó de boca en la intersección de cuatro carriles más transitada en nuestra ciudad. La vergüenza hizo que quisiera seguir caída allí para no tener que levantar la vista y mostrar su cara a tantas personas que la conocían en una ciudad pequeña. Sin embargo, ¡lo peor que pudo haber hecho habría sido quedarse allí tumbada! Esta es una ilustración práctica de cómo es cuando caemos. Cuando piense en mi hija tendida boca abajo en aquella transitada intersección, nunca olvide que lo peor que puede usted hacer después de caer espiritualmente, *¡es no levantarse!*

Este versículo expresa de nuevo el compromiso y la fidelidad de Dios a ser nuestro escudo de protección. Su fidelidad es la que nos hace levantarnos y volver a movernos. Su inconmovible fidelidad es un escudo literal. Yo tengo una increíble imagen mental de un gran escudo delante de mí, que me oculta por completo del enemigo. El escudo es Dios mismo. Su fidelidad a sus promesas garantiza que su escudo permanecerá firme y disponible para siempre. Que estemos o no detrás de esa protección es nuestra elección.

Cuando esté haciendo algo para Dios, muchas veces entrará en interferencia o resistencia; o a veces en un ataque a gran escala del enemigo. Mire un boxeador; ¿quién es el que se sube al *ring* con él? ¡Su oponente! Cuando intentamos lograr algo para el reino, ¡también nosotros tenemos un oponente que se sube al ring con nosotros! El hecho de que podamos sentir la oposición espiritual cuando estamos haciendo algo para hacer avanzar el reino no debería sorprendernos.

Hemos estado enseñando a la gente en la iglesia cómo creer las promesas de protección de Dios en el Salmo 91. Algunos de los hombres estaban ayudando a Jack a construir una cafetería para los alumnos de la universidad. Era una noche especial, porque presentábamos a un campeón de levantamiento de peso que daría su testimonio aquella noche en una cruzada al aire libre delante de la cafetería. Él era conocido por ser capaz de levantar un auto y estaba atrayendo la publicidad. Mientras todos los hombres estaban trabajando con Jack para terminarlo todo para el evento, hubo una explosión que sonó como si una bomba hubiera detonado. Comenzó a salir fuego de la parte superior del poste de corriente eléctrica y salía humo de la tierra donde habían cavado un hoyo para poner cemento.

Dos de los hombres estaban sobre agua que había quedado de la lluvia que cayó la noche anterior y sostenían un palo de metal en su posición mientras otro hombre accidentalmente se metió en la principal línea eléctrica que llevaba siete mil doscientos voltios de electricidad. ¿Puede siquiera imaginar cuánta potencia eléctrica es eso? Causó un apagón en bloques de casas circundantes; *sin embargo, ninguno de los hombres resultó herido.* Aquella misma mañana, Jack había orado un escudo de protección del Salmo 91 sobre todos los trabajadores.

Muchas personas han muerto por el voltaje de una pequeña toma eléctrica en una habitación. La corriente que pasaba por aquella línea en la cafetería era muchas, muchas veces más potente que eso, y sin embargo, el escudo de Dios había salvado las vidas de aquellos hombres ese día. Los años de haber citado el Salmo 91 sobre nuestra congregación ciertamente habían

dado su fruto. Eso no sólo protegió a los hombres individualmente, sino que también protegió toda la cruzada y evitó que
fuese un desastre.

El Salmo 91:4 también nos dice que la fidelidad de Dios es
nuestro baluarte o adarga. Según el diccionario bíblico *Nelson*,
un *baluarte* es "una torre construida a lo largo de un muro de la
ciudad desde la cual los defensores lanzan flechas y grandes piedras al enemigo".[1] ¡Pensemos en eso! La fidelidad de Dios a sus
promesas no sólo es un escudo, sino también una torre. Desde
esa torre, Dios es fiel para detectar al enemigo para que no pueda
llegar desde nuestro punto ciego. El diccionario *Webster's* define
baluarte como "un terraplén o muro defensivo, muralla fortifica-
da; un rompeolas, la parte del lado de un barco por encima de la
cubierta".[2] Si está usted a bordo de un barco, la palabra *baluarte*
le da una imagen visual de la protección de Él.

A lo largo de la historia ha habido escudos sobre individuos y
grupos que han creído firmes en el Salmo 91. Uno de los ejemplos más famosos proviene de la Primera Guerra Mundial, de
una unidad que estaba completamente protegida. A ambos lados
del Atlántico, publicaciones religiosas hablaron de la historia de
un *regimiento milagroso* cuyos soldados pasaron por algunas de
las batallas más intensas y sangrientas sin sufrir una sola baja en
combate. Las mejores fuentes dicen era una unidad de combi-
nación británico-americana en lugar de ser americana. Nuestros
investigadores han disfrutado al reconstruir este puente entre
este evento y sus fuentes, y las noticias conducen a uno de los
ejemplos más celebrados en el púlpito del poder del Salmo 91.
Nuestras fuentes dicen que cada oficial, al igual que los hombres alistados, diariamente ponía su confianza en Dios recitando
juntos fielmente el Salmo 91 y esa unidad se sabe que no sufrió
ni una sola víctima en combate. Es impensable creer que la mera
casualidad o coincidencia podría haber evitado que tantas balas

y obuses llegasen hasta sus potenciales víctimas.[3] El Salmo 91 ha sido verdaderamente un escudo para tropas enteras de soldados en cada una de nuestras guerras desde la Primera Guerra Mundial. Siguen saliendo a la luz historias sobre el Salmo 91 siendo escudo para unidades completas que han reclamado sus promesas. Este es el aspecto de baluarte del escudo de protección.

Pero este escudo también ha sido una poderosa promesa para el individuo. Voy a compartir una notable historia sobre lo individualizado que puede ser este escudo. Durante aquella horrible y a la vez triunfante semana en mayo del año 1940 en que el ejército británico había sido forzado a una retirada total y quedaba expuesto en las arenosas playas de Dunkirk, sucedieron muchos milagros. Tumbados y descubiertos sin esperanza alguna, atacados por aviones nazis y artillería pesada, y armados solamente con sus rifles, las valientes tropas parecían aparentemente atrapadas por el canal sin ningún lugar donde acudir para protegerse. Un capellán británico hablaba de estar tumbados boca abajo en la arena durante lo que parecía una eternidad en la playa golpeada por los obuses de Dunkirk. Bombarderos nazis dejaban caer sus cargas letales, causando que la metralla hiciese saltar la arena alrededor de ellos, mientras otros aviones repetidamente ametrallaban la posición de él con sus ametralladoras.

Aunque aturdido por la conmoción que le rodeaba, el capellán británico de repente fue consciente de que, a pesar del ruido ensordecedor de los obuses y las bombas que caían alrededor de él, no había sido alcanzado. Con balas aún cayendo a su alrededor, se puso en pie y contempló con sorpresa *el perfil de su propio cuerpo* en la arena. Era el único punto liso en toda la playa llena de balas. Su escudo celestial debió de haber tenido la forma exacta de su cuerpo.[4]

Notemos que este versículo en el Salmo 91:4 declara la fidelidad de Dios hacia nosotros siendo tanto un escudo como un baluarte, en una doble analogía. El pasaje utiliza dos símbolos militares de fortificación y protección. Dios es nuestro baluarte, nuestra torre—nuestro muro de protección en sentido colectivo—, y Él es también nuestro escudo: una defensa muy individualizada. Este versículo indica una *doble* protección.

NO TEMERÉ
EL TERROR

No temerás el terror nocturno.
—Salmo 91:5

E S INTERESANTE NOTAR QUE los versículos 5 y 6 del Salmo 91 cubren todo un periodo de veinticuatro horas, haciendo hincapié en la protección *día y noche*. Pero lo más importante es que estos dos versículos abarcan *todo mal conocido por el hombre*.

El salmista divide la lista en cuatro categorías. Veremos esas categorías una a una. La primera, *terror nocturno*, incluye todos los males que vienen por medio del hombre: secuestro, robo, violación, asesinato, terrorismo y guerras. Es el temor—u horror—, o la alarma, que proviene de lo que el hombre puede hacernos. Dios está diciendo: "No temerás ninguna de esas cosas, porque no se acercarán a ti". De lo primero que habla el versículo 5 es del temor.

Una y otra vez Jesús nos dijo: "¡No temas!". ¿Por qué cree que Él continuamente nos recuerda que no tengamos temor? Porque por medio de la fe en su Palabra es como somos protegidos; y ya que el temor es lo contrario a la fe, el Señor sabe que el temor evitará que operemos en la fe que es necesaria para recibir. No es sorprendente que Dios aborde en primer lugar *el temor al terror*.

Por tanto, ¿cómo evitamos tener temor? ¡De modo muy sencillo! En el Salmo 91 Dios nos da instrucciones para aquietar el temor que surge en nuestro corazón. Estas palabras: "No temerás el terror nocturno, ni saeta que vuele de día", también están hablando de la ansiedad que llega la noche antes de la batalla.

El temor llega cuando pensamos que somos responsables de producir esta protección nosotros mismos. Con demasiada frecuencia pensamos: "¡Oh, si pudiera creer lo suficiente, quizá estaría protegido!". ¡Ese es un pensamiento erróneo! La protección ya está ahí. Ya ha sido proporcionada, ya sea que la recibamos o no. Fe es simplemente la *elección de recibir* lo que Jesús ya ha hecho. La Biblia da ejemplos clásicos de cómo manejar el terror.

La respuesta está en la sangre de Jesús. Éxodo 12:23 nos dice que cuando Israel puso sangre en los marcos de las puertas, el destructor no pudo entrar. La sangre de animales que ellos utilizaron sirve como *tipo* y *sombra*, o una imagen de la sangre de Jesús que ratifica nuestra *mejor* protección, bajo nuestro *mejor* pacto (Hebreos 8:6).

Cuando confesamos en voz alta: "Estoy protegido por la sangre de Jesús", y lo creemos, el diablo literalmente no puede entrar. Recuerde: el versículo 2 nos dice: "Diré yo a Jehová: Esperanza mía, y castillo mío". Es *el corazón y la boca*: creer con nuestro corazón y confesar con nuestra boca.

Nuestras armas físicas son operadas por nuestras manos, pero operamos nuestras armas *espirituales* con nuestra boca. La sangre es aplicada *diciéndolo* en fe. Confesar con nuestra boca y creer con nuestro corazón comienza con la experiencia del nuevo nacimiento y tiene prioridad para recibir todos los buenos dones de Dios (Romanos 10:9–10).

Si nos encontramos con temor al *terror nocturno*, ese es nuestro barómetro que nos hace saber que no estamos morando y permaneciendo cerca del Señor en el abrigo del Altísimo y creyendo sus promesas. El temor entra cuando estamos confesando cosas distintas a lo que Dios ha dicho. Cuando nuestros ojos no están en Dios, vendrá el temor. Pero permitamos que ese temor sea un recordatorio para arrepentirnos.

> Porque por fe andamos, no por vista.
> —2 Corintios 5:7

Tenemos que escoger creer su Palabra más de lo que creemos lo que vemos; más de lo que creemos en el ataque del terror. No es que neguemos la existencia del ataque, porque el ataque puede ser muy real; pero Dios quiere que nuestra fe en su Palabra se convierta más en una realidad para nosotros que lo que vemos en lo natural.

Por ejemplo, ¡la ley de la gravedad es un hecho! Nadie niega la existencia de la gravedad, pero al igual que las leyes de la aerodinámica pueden sobreponerse temporalmente a la ley de la gravedad, los ataques de Satanás también pueden verse sobrepuestos por una ley más elevada: la ley de la fe y la obediencia a la Palabra de Dios. La fe no niega la existencia del *terror*. Simplemente hay leyes más elevadas en la Biblia para vencerlo.

David no negaba la existencia del gigante. El temor nos hace comparar el tamaño del gigante con nosotros mismos. La fe, por otro lado, hizo que David comparase el tamaño del gigante con el tamaño de su Dios. Los ojos de David vieron *al gigante*, pero su fe vio *las promesas* (ver 1 Samuel 17).

A lo largo de los años como esposa de pastor, puedo recordar a incontables personas que nos llamaron a mi esposo y a mí en una situación de emergencia pidiendo ayuda. También recuerdo las veces en que Dios milagrosamente sanó el cuello roto del hijo de Audra, Skylar, después de caerse de su bicicleta... cuando la aldea misionera de Jennifer McCullough fue tomada por asesinos... cuando Mary Johnson fue secuestrada y estuvo atrapada en una cabaña abandonada. La promesa de Dios en el Salmo 91 convirtió cada uno de esos desastres en potencia en victoria. Todos ellos eran amigos cercanos, y estuvimos emocionados por haber estado implicados personalmente, aunque estábamos orando por esos milagros desde la distancia. Pero nada se compara a esas ocasiones en que el terror aparece justamente en la puerta de usted. De todas las personas que acudieron a nosotros, la que sobresale más en nuestra mente fue un hombre que a punta de pistola, con los ojos abiertos como platos y fuera de control, trajo a nuestra puerta a una esposa.

Sorprendidos apenas es la palabra que podría describir las emociones que sentimos más adelante aquella tarde cuando respondimos a la frenética llamada en nuestra puerta para descubrir a ese hombre de negocios sujetando a su esposa a punta de pistola y pidiendo que les permitiéramos entrar en la casa. Nuestros hijos, que eran adolescentes, fueron testigos de una valiosa lección aquella noche, aunque en ese momento yo deseaba que ellos estuvieran en cualquier otro lugar menos allí. Más adelante descubrimos que un boletín difundido por la policía se había emitido para arrestar a ese hombre por secuestrar a su esposa con un arma letal. Al reflexionar en la situación, yo nunca había visto a dos personas juntas con expresiones tan contrarias en sus rostros: el de él, tormento; el de ella, terror.

Fue durante un arranque de ira cuando él había sacado a su esposa, después de tres horas y media a punta de pistola, hasta nuestra sala. Jack, que es mucho más calmado que yo durante una crisis, simplemente los invitó al estudio y comenzó a apaciguar la crisis haciendo preguntas. Es sorprendente lo calmante que puede ser el afecto cuando a alguien se le da la oportunidad de dar salida abiertamente a sus frustraciones. Gradualmente, el joven se fue relajando y, con tiempo, se sintió lo bastante cómodo como para bajar su pistola, para alivio de todos los que estábamos en la habitación.

Me encantan los finales felices cuando todos escapan del daño, pero este episodio tuvo un resultado aún mucho más poderoso cuando Jack oró por los dos separadamente, y después acompañó al hombre de negocios hasta la comisaría de policía para entregarse. El departamento del sheriff después nos dio las gracias por haber apaciguado una situación volátil debido al alto perfil de la pareja. Aún tengo noticias de la mujer de vez en cuando e informa que su matrimonio va bien.

No tenemos que tener miedo al *terror a lo que el hombre pueda hacer para dañarnos*. ¡Gloria a Dios por nuestra ley más elevada! Las leyes de Dios triunfan sobre las leyes del hombre.

Capítulo

NO TEMERÉ
LA SAETA

No temerás…saeta que vuele de día.
—Salmo 91:5

L A SEGUNDA CATEGORÍA DE maldad es la *saeta que vue-la de día.* Una saeta o flecha es algo que traspasa o hiere espiritual, física, mental o emocionalmente. Las saetas son intencionales. Esta categoría indica que está usted en una zona de batalla *espiritual*; tareas concretas del enemigo son dirigidas hacia su vida para derrotarle.

Las saetas son enviadas deliberadamente por el enemigo y meticulosamente *dirigidas al punto que causará el mayor daño.* Están orientadas hacia el área donde su mente no está renovada por la Palabra de Dios. Puede quizá ser un área donde usted aún pierde la paciencia, donde aún es fácilmente ofendido, ¡o quizá un área de rebelión o temor!

El enemigo rara vez nos ataca en un área donde estamos edificados y somos fuertes. Nos ataca donde aún seguimos batallando. ¡Por eso tenemos que correr hacia Dios! Y cuando hacemos batalla utilizando nuestras armas espirituales, las flechas del enemigo no se acercarán a nosotros.

En Efesios 6:16, Dios nos dice que tenemos un "escudo de la fe, con que podáis apagar todos los dardos de fuego del maligno". Esto cubre el área del daño intencionado. Alguien tensa el arco y lo dirige. Las flechas son orientadas y lanzadas. No son flechas normales, de todos los días; están *encendidas*. Sin embargo, Dios no dice que podamos fallar en la mayoría de ellas; dice que podemos apagarlas *todas*. Cuando son enviadas flechas para herirnos espiritual, física, mental, emocional o económicamente, Dios quiere que pidamos y creamos por fe que Él nos *recogerá* y nos librará de calamidad.

Una de las mayores tareas del enemigo es algo que invade a muchas familias, sin que ellos ni siquiera reconozcan que se origina desde una fuente demoníaca. El mundo lo llama ser *propenso a accidentes*. Pero no hay nada *accidental* en los accidentes. Aunque la palabra *accidente* pinta un cuadro en la mente de algo que sucede sin intención y al azar, es la palabra misma—*accidente*—la que nos mantiene ciegos a la verdad.

Por años, Jack estuvo inundado de un contratiempo tras otro. Él trabajaba en el exterior gran parte del tiempo y tenía tantas responsabilidades que casi se esperaba que estaría en posición de encontrarse con más accidentes que la mayoría de los hombres. Por ejemplo, cuando visitábamos a mis padres, él aprovechaba el taller de soldadura de papá para hacer estanterías de cartón para anuncios de Pepsi. Una vez, cuando él estaba doblando el pesado alambre para la parte trasera del anuncio, saltó de su mano y, de entre todas las cosas, voló hasta su nariz, cortándole la tierna membrana interior. Comenzó a salirle sangre como si fuera una fuente. Lo encontramos justamente antes de que se desmayase.

En otra ocasión, él estaba llevando un pesado tráiler de regreso a Brownwood. Nuestra ciudad está situada en un valle, y por eso cuando se entra en los límites de la ciudad uno desciende por una de las grandes montañas que la rodean. Justamente cuando comenzó a descender por la pendiente, el tráiler se soltó del enganche y comenzó a rebasar a su camión. Nadie podía creer que él no resultara muerto o gravemente herido en esa ocasión. Más adelante, cuando él y mi padre estaban poniendo un tejado nuevo en el granero, Jack se coló por el tejado atravesándolo y se encontró colgando de sus costillas sobre el borde mientras sus pies y sus piernas colgaban. En otra ocasión, otros dos hombres le pidieron que les ayudase a levantar una cubierta de caza que estaba hecha de pesado cobre. Con Jack en el medio, los tres estaban a un lado de la cubierta de caza, intentando levantarla lo bastante para ponerla en posición erguida. Justamente cuando la tenían sobre sus cabezas, uno de los hombres resbaló. Los dos que estaban por fuera pudieron salir corriendo desde debajo de la cubierta de varios cientos de kilos, pero Jack estaba atascado en el medio sin lugar hacia donde correr. Aquella monstruosidad de cubierta de caza se derrumbó hacia la parte de atrás de su cabeza, curvando su espalda y empujando su cabeza hacia el suelo a apenas unos centímetros de sus pies. Solamente Dios pudo evitar que su espalda cediera bajo la presión. Una vez, cuando trabajaba para la empresa FMC dirigiendo la maquinaria pesada, no pudo sacar su mano de debajo de la perforadora a tiempo, y atravesó su mano con un agujero del tamaño de una moneda. Hemos estado confesando por años: "Los huesos del justo no serán quebrados". Hubo un sorprendido doctor cuando oyó lo que había sucedido y se dio cuenta de que los huesos de la mano de Jack no se habían roto. Cuando la broca bajó, había extendido los carpos, permitiendo que el metal atravesara sin romper ningún hueso.

Durante aquel accidente fue cuando Dios captó la atención de Jack y le hizo entender que ser *propenso a los accidentes* era una tarea demoníaca que necesitaba ser rota. Finalmente dijimos: "Ya basta". Oraron por él y, de modo sobrenatural, los accidentes cesaron. Yo creo que las personas se quedarían mudas de asombro al darse cuenta de cuántas veces están soportando flechas del enemigo que nunca deberían haber tenido que soportar.

Hay muchos tipos de flechas del enemigo. Mi hija, Angie, y su esposo, David, vivían en Irving mientras él asistía a la escuela de quiropráctica. Un domingo en particular después de la iglesia, varias parejas acordaron traer comida para almorzar juntos. Todos hacían bromas sobre Julee que no había ido a la iglesia y llegaba tarde al almuerzo: "¿Dónde está? Se supone que ella tenía que traer el postre". ¿Quién podía haber sabido que ella estaba teniendo la lucha de su vida y *ganando* una de las mayores victorias sobre la violación que jamás he oído. Y pensar que todos nosotros sólo pensábamos en nuestros estómagos. Qué testimonio que la Palabra de Dios es más poderosa que los asaltos. Es capaz de apagar toda flecha de fuego.

Tenemos un *pacto* con Dios que nos dice que *no tengamos temor a la saeta que vuela de día.* Surgirán tareas, pero no tengamos temor a las flechas. Dios ha prometido que no darán en su objetivo.

Capítulo

NO TEMERÉ LA PESTILENCIA

No temerás… pestilencia que ande en oscuridad.
—Salmo 91:5–6

E L TEMOR ATENAZABA MI corazón y gotitas de sudor salían en mi frente mientras yo febrilmente recorría con mis dedos lo que sentía que era como un bulto en mi cuerpo. Cómo temía la autoexploración mensual que el doctor había sugerido. Las yemas de mis dedos estaban tan frías como el hielo por el pánico que había surgido en mí sólo de pensar en lo que podría encontrar y temer el curso que mi vida podría tomar desde ahí.

Aquel día en particular resultó ser una falsa alarma, pero el terror a lo que podría encontrar en los meses siguientes estaba constantemente en mi mente hasta que esta promesa se hizo viva en mi corazón. Si lucha contra temores a enfermedades fatales, entonces este es el pasaje al que debe aferrarse.

La tercera categoría de mal que Dios nombra es la *pestilencia*. ¡Este es el único mal que Él nombra dos veces! Ya que Dios no desperdicia palabras, debe de tener una razón concreta para repetir esta promesa.

¿Ha observado que cuando una persona dice algo más de una vez, es normalmente porque esa persona quiere hacer hincapié en un punto? Dios conocía la pestilencia y el temor que correría galopante en estos últimos tiempos. El mundo está repleto de epidemias fatales que golpean a las personas por miles, así que Dios capta nuestra atención repitiendo esta promesa.

Es como si Dios estuviera diciendo: "Dije en el versículo 3: 'Eres librado de la peste destructora', ¿pero me oyeron realmente? Sólo para estar seguro, lo estoy diciendo otra vez en el versículo 6: *¡No tienen que tener temor de la pestilencia destructora!*'". Esto es tan totalmente contrario a lo que el mundo nos enseña, que tenemos que renovar nuestro modo de pensar. Sólo entonces podemos comprender el hecho de que no tenemos que tener miedo a las enfermedades y las epidemias que hay en el mundo en la actualidad.

Cuando comencé a estudiar por primera vez este salmo, recuerdo pensar: "¡No sé si tengo la fe para creer estas promesas!". Ese pensamiento estiraba mi fe y mi mente hasta que pensé que se rompería como una cinta de goma que se extiende demasiado.

Dios, sin embargo, me recordó que *la fe no es un sentimiento*. Fe es sencillamente *escoger* creer lo que Él dice en su Palabra. Cuanto más escogía creer la Palabra de Dios, más tenía un *conocimiento* de que podía confiar y apoyarme en ella completamente.

Nuestra herencia no está limitada a lo que nuestros ancestros nos han transmitido genéticamente. Nuestra herencia puede ser lo que Jesús proporcionó para nosotros si creemos la Palabra y la ponemos por obra.

Cristo nos redimió de la maldición de la ley, hecho
por nosotros maldición.

—Gálatas 3:13

La pestilencia mencionada en el Salmo 91:6 se describe en
detalle en Deuteronomio 28. Este pasaje en Gálatas nos dice que
somos *redimidos* de toda maldición (incluyendo la pestilencia) si
creemos y nos apropiamos de la promesa.

Nunca antes en nuestra historia ha habido tanta conversación sobre *terrorismo* y *guerra bacteriológica*, pero para sorpresa
de muchas personas, Dios no se queda asombrado o es tomado
fuera de guardia por esas cosas. ¿Pensamos que la guerra química
es mayor que Dios? Mucho tiempo antes de que el hombre des-
cubriera las armas biológicas, Dios hizo provisión para la protección de su pueblo, si ellos creían su Palabra.

Y estas señales seguirán a los que creen… si bebieren
cosa mortífera, no les hará daño.

—Marcos 16:17–18

Según la *concordancia Strong's*, la palabra *beber* en este pasaje
proviene de la palabra griega *pino*, que significa "empaparse de".[1]
Empaparse significa "beber, absorber, inhalar o llevar a la mente".[2] Ninguna maldad ha sido concebida por el hombre contra
la cual Dios no haya proporcionado una promesa de protección
para cualquiera de sus hijos que escoja creerla y actuar según ella.

¿Y qué del temor que ha sobrecogido a la humanidad con respecto a nuestras aguas contaminadas o a los alimentos contami-
nados por pesticidas? Yo creo que la Palabra de Dios defiende
hacer uso de la sabiduría, pero todas las precauciones del mundo
no pueden protegernos de todas las cosas dañinas que podrían
estar en nuestros alimentos y nuestra agua. Estoy segura de que

todos nos hemos encontrado en condiciones en que los alimentos y el agua eran cuestionables. Por tanto, la enseñanza de Dios de bendecir nuestros alimentos y agua antes de comerlos no es simplemente algún ritual para hacernos parecer más espirituales; más bien es otra provisión para nuestra seguridad, que desempeña un importante papel en el plan protector de Dios.

> Pero el Espíritu dice claramente que en los postreros tiempos... mandarán abstenerse de alimentos que Dios creó para que con acción de gracias participasen de ellos los creyentes y los que han conocido la verdad. Porque todo lo que Dios creó es bueno, y nada es de desecharse, si se toma con acción de gracias; *porque por la palabra de Dios y por la oración es santificado.*
>
> —1 Timoteo 4:1, 3–5 (énfasis de la autora)

> Mas a Jehová vuestro Dios serviréis, y *él bendecirá tu pan y tus aguas*; y yo *quitaré toda enfermedad de en medio de ti.*
>
> —Éxodo 23:25 (énfasis de la autora)

¡Es la bondad de Dios la que hizo estas provisiones antes de que nosotros siquiera las pidiésemos! Esto no es para todos; es para *quienes creen y conocen la verdad.* Bendecir los alimentos con gratitud literalmente produce santificación, o una limpieza de nuestros alimentos y agua.

En tiempos bíblicos, cuando mencionaban pestilencia ellos pensaban en enfermedades como la lepra. Lucas 21:11 afirma que una de las señales de los últimos tiempos es una ola de pestilencia. Y actualmente tenemos muchas variedades de enfermedades, como el SIDA, el cáncer, la malaria, enfermedades coronarias y tuberculosis, pero sin importar qué pestilencia pudiéramos afrontar, su promesa nunca deja de ser verdad.

El enemigo puede intentar que sorpresas repentinas nos agarren desprevenidos y nos derriben, pero Dios es fiel. Su Palabra es verdad sin importar cómo se vean las circunstancias a veces. Por ejemplo, yo nunca he visto a nadie permanecer tan firme como mi buena amiga Rene Hood cuando el doctor le diagnosticó las últimas etapas de lupus. Algunos de sus principales órganos estaban dejando de funcionar y los doctores se habían dado por vencidos. Como esposa de pastor, no puedo decir cuánto temía las llamadas telefónicas, cuando cada día ella parecía estar acercándose cada vez más a la puerta de la muerte. Pero ella se negó a soltar la promesa del pacto de liberación de Dios de la pestilencia. Más de diez años después, ella sigue viva y bien, contra todo pronóstico y predicando la Palabra de Dios en iglesias y cárceles por todo el país. Algunas personas reciben un don de sanidad instantáneo, pero Rene lo tomó por la persistencia, por negarse a soltar sus promesas de sanidad y reclamando centímetro a centímetro el pacto de protección de Dios. Algunos piensan que necesitan una palabra especial para reclamar cierta promesa en la Biblia, pero Rene consideró la Palabra de Dios como escrita justamente para ella.

Qué gozo fue, dos años después, cuando ella y yo fuimos juntas a Filipinas a dar seminarios. Fuimos en barca hasta una de las islas remotas y llegamos varias horas después de que el seminario estaba supuesto a empezar. A nadie pareció importarle. Las preciosas señoras nos estaban esperando pacientemente. De hecho, una de las damas había vadeado varios kilómetros en la marea baja para llegar a la reunión. Nuestra ropa estaba sucia debido al largo viaje en barca, y habíamos sudado mucho por el calor tropical, pero nadie pareció notarlo cuando comenzamos a llevarles la Palabra de Dios. El doctor de Rene la vigila con atención. De hecho, él le había dicho que no fuese a algunos lugares remotos en el extranjero, pero ella no iba a permitir que un doctor preocupado evitase que hiciera lo que Dios le había llamado a hacer. Cuando llegó a casa, las pruebas que él le había hecho mostraban que su sistema inmunológico era completamente normal. No permita que un temor a la pestilencia evite que no haga la voluntad de Dios.

El temor a la enfermedad probablemente era mi mayor batalla en mi mente. De todo lo que el Salmo 91 ha hecho por mí, fue este pasaje el que me hizo vencer. Me estremezco al pensar a lo que podríamos abrirnos a nosotros mismos sin la promesa del Salmo 91 y sin la determinación de permanecer firmes y negarnos a entretener pensamientos de temor. Lo que permitamos que quede en nuestra mente es *nuestra* elección. Por tanto, si deseamos operar en este pacto de protección, tomar autoridad sobre emociones y pensamientos negativos es imperativo. Es sorprendente cómo la sencilla frase: "Sencillamente no iré allí" disipará esos pensamientos de temor de inmediato.

Estoy segura de que esta promesa de protección de plagas y pestilencia recordaba a los judíos la inmunidad completa de Israel de las plagas egipcias en la tierra de Gosén. El destructor no pudo entrar donde la sangre había sido aplicada. Aun en el Antiguo Testamento, Dios declaró: "No temerás...pestilencia que ande en oscuridad...*Mas a ti no llegará*". (Salmo 91:5–7, énfasis de la autora).

Capítulo

NO TEMERÉ LA DESTRUCCIÓN

No temerás…mortandad que en medio del día
destruya.
            —SALMO 91:5–6

LA CUARTA CATEGORÍA DE mal es la *destrucción*. La
destrucción engloba *los males sobre los cuales la humanidad
no tiene control*, esas cosas que el mundo ignorantemente
llama *actos de Dios*: tornados, inundaciones, granizo, huracanes,
¡o incendios! Dios nos dice con mucha claridad que no hemos de
temer la destrucción. Esos desastres naturales no vienen de Dios.

En Marcos 4:39, Jesús reprendió a la tormenta y se calmó
por completo. Eso demuestra que Dios no es el autor de tales
cosas, de otro modo, Jesús nunca habría contradicho a su Padre
reprendiendo a algo enviado por Él.

No hay lugar en el mundo donde pueda usted ir y estar seguro de toda *destrucción*: de todo desastre natural. Nunca podemos

anticipar lo que podría llegar cuando menos lo esperemos. Pero sin importar dónde esté usted en el mundo, Dios dice que corra a su refugio, donde no tendrá usted temor de la *destrucción*; *¡no se acercará a usted!*

Nuestra nieta Jolena y su esposo, Heath Adams, estaban emplazados en Turquía justamente antes de que se declarase la guerra en Iraq. Poco antes de su llegada a Turquía, Jolena comenzó a trabajar como salvavidas en una piscina. Un día a finales de junio, comenzó a oír un fuerte ruido que sonaba muy parecido a un avión rompiendo la barrera del sonido, entonces todo comenzó a temblar. Todo el mundo a su alrededor comenzó a sentir pánico cuando el agua salpicaba en la piscina por un terremoto, que más adelante se supo que fue de 6.3 en la escala de Richter. Los nadadores intentaban desesperadamente salir del agua para encontrar algún lugar seguro, mientras que los niños se aferraban a Jolena y gritaban de miedo. Por todas partes la gente gritaba, pero Jolena dijo que ella sintió que una paz y una calma descendieron sobre ella. Comenzó a orar en voz alta, rogando que la sangre de Jesús cubriera la base de la fuerza aérea y a las personas que allí estaban. De repente, todos a su alrededor se quedaron callados y escuchaban su oración. Nadie en la base resultó gravemente herido, pero unos apartamentos que estaban justamente a cinco minutos de distancia se derrumbaron. Más de mil personas murieron en el terremoto. Heath estaba en el trabajo cuando vio el muro de un edificio desplomarse totalmente y caer en la calle.

Jolena y Heath habían estado orando todos los días por la protección del Salmo 91 sobre su casa, y ciertamente dio resultado. La base sufrió muchos daños estructurales; la oficina de correos y el gimnasio quedaron totalmente perdidos y muchas de las casas fueron destruidas. No sólo las casas quedaron destruidas, sino también muebles, televisores y aparatos estéreos, causando literalmente miles de dólares de pérdidas. Debido a las grandes grietas causadas por el terremoto, se podía ver por las paredes de muchas de las casas. En una casa que estaba a un bloque de distancia de Jolena y Heath, la escalera se había separado por completo de la pared. Su milagro fue que, aparte de una dsiminuta grieta encima de una de las puertas, no hubo ningún daño en su casa ni en ninguno de sus muebles. Mientras que muchos de sus amigos tuvieron que trasladarse de sus casas mientras eran reparadas, Jolena y Heath no tuvieron que pasar por nada de eso. Dios quiere que tomemos en serio su promesa de que no temeremos la destrucción; no se acercará a nosotros.

Los peligros de la destrucción pueden llegar rápidamente y a plena luz del día; por tanto, debe usted conocer sus promesas del pacto. Un día, Jack y nuestro hijo, Bill, estaban quemando rastrojos, sin saber que había un viejo tanque de gas enterrado en la parte trasera de nuestra propiedad. Como puede imaginar, cuando el fuego llegó al pozo de gas, literalmente explotó, enviando fuego en todas direcciones y encendiendo un campo de hierba cercano. Inmediatamente el incendio quedó fuera de control. Con ninguna tubería de agua en aquel entonces, Jack y Bill luchaban inútilmente. El barril de agua que tenían en la parte trasera de su furgoneta ni siquiera hizo mella en las llamas.

Viendo que el incendio se estaba acercando peligrosamente a otros campos que estaban en las casas cercanas, Jack se apresuró a ir a la casa para llamar a los bomberos, enviándome a mí a encontrarme con los bomberos en el cruce de caminos para que no se perdieran, y regresó al lugar sólo para descubrir que el incendio había cesado. Bill, que parecía que había estado trabajando en las minas de carbón, estaba sentado en un árbol intentando recuperar el aliento. Jack dijo: "¿Pero cómo pudiste extinguir el fuego? ¡No había manera!".

Las siguientes palabras de Bill—"Clamé a Dios"—lo dijeron todo. También usted puede ser librado de la destrucción en el día. Para esos días que están fuera de control, Dios siempre está ahí.

¿Sabía que todo mal conocido por el hombre encajará en una de esas cuatro categorías que hemos mencionado en los capítulos 6 a 9 (versículos 5–6 del Salmo 91): terror, flechas, peste o destrucción? Y lo increíble es que Dios nos ha ofrecido liberación de todos ellos.

Dios ha dicho en su Palabra que no tendremos temor de *terror, flechas, peste o destrucción*... esas cosas no se acercarán a nosotros, si moramos a su abrigo y habitamos en su sombra. Este salmo no está lleno de excepciones o de vagas condiciones, como si intentase dar a Dios una salida o una excusa para no cumplir las promesas. Más bien, es una valiente afirmación de lo que Él *quiere* hacer por nosotros.

Podemos recibir cualquier cosa que Dios ya haya provisto. El secreto está en saber que todo para lo cual Dios ha hecho provisión está claramente detallado y definido en la Palabra de Dios. *Si puede usted encontrar el lugar donde Dios lo ha ofrecido, ¡puede tenerlo!* Nunca es Dios quien lo retiene; su provisión ya está ahí, esperando a ser recibida.

Dios es fiel a todas las promesas que Él ha hecho. Él no creó al hombre y después lo dejó solo. Cuando Él nos creó, automáticamente se hizo responsable de cuidar de nosotros y suplir nuestras necesidades. Y cuando Él hace una promesa, Él es fiel a lo que ha prometido. Este salmo parece edificarse desde una promesa a la siguiente. Los hombres son juzgados por su fidelidad a su propia palabra. Los verdaderos hombres sólo son tan buenos como su palabra. Dios es más fiel que incluso el más confiable de los hombres, porque Él tiene la capacidad de llevar a cabo su Palabra.

La fe no es una herramienta para manipular a Dios para que Él le dé algo que *usted* quiera. La fe es simplemente el medio por el cual aceptamos lo que Dios ya ha puesto a nuestra disposición. Nuestra meta tiene que ser la *renovación* de nuestra mente hasta tal grado que tengamos más fe en la Palabra de Dios que en lo que percibimos con nuestros sentidos físicos. Dios no hace promesas que estén fuera de nuestro alcance.

Cuando el Señor comenzó a mostrarme por primera vez estas promesas, y mi mente aún luchaba con: "¿Cómo puede ser esto?"—*dudas*—, Él me llevó a una parte de su Palabra que ayudó a hacerme libre:

> ¿Pues qué, si algunos de ellos han sido incrédulos? ¿Su incredulidad habrá hecho nula la fidelidad de Dios? De ninguna manera; antes bien sea Dios veraz, y todo hombre mentiroso; como está escrito: Para que…venzas cuando fueres juzgado".
>
> —ROMANOS 3:3–4

Dios nos está diciendo que aunque haya algunos que *no creen*, su incredulidad nunca anulará sus promesas para quienes *sí creen*. Pablo en Romanos, citando del Antiguo Testamento, nos da un importante recordatorio de que lo que escogemos creer y confesar nos hará prevalecer durante un tiempo de juicio.

Sin las promesas de protección en toda la Palabra de Dios, y especialmente sin nuestro pacto del Salmo 91—*que enumera en un salmo todas las formas de protección disponibles*—, podríamos sentirnos bastante presuntuosos si, por nosotros mismos, pidiéramos a Dios que nos protegiera de todas las cosas enumeradas en estos últimos cuatro versículos. (Repase los capítulos 6—9 de este libro). De hecho, probablemente no tendríamos la valentía de pedir toda esta cubierta. ¡Pero Él ofreció esta protección para nosotros aun antes de que tuviéramos la oportunidad de pedir!

Capítulo

AUNQUE CAIGAN MIL

Caerán a tu lado mil, y diez mil a tu diestra;
Mas a ti no llegará...
Porque has puesto a Jehová, que es mi esperanza,
al Altísimo por tu habitación.

—Salmo 91:7, 9

¿Nos detenemos siquiera a considerar lo que Dios nos está diciendo en el versículo 7? ¿Tenemos la valentía de confiar en la Palabra de Dios lo bastante para creer que *Él quiere decir esto literalmente?* ¿Es posible que esto sea cierto y que nos perdamos estas promesas?

Jesús responde la última pregunta en Lucas 4:27: "Y muchos leprosos había en Israel en tiempo del profeta Eliseo; pero ninguno de ellos fue limpiado, sino Naamán el sirio". Sólo Naamán, el sirio, fue sanado cuando obedeció en fe. *No todos recibirán los beneficios de esta promesa en el Salmo 91.* Sólo los que le creen a Dios y se aferran a sus promesas se beneficiarán, sin embargo, *está* disponible. En la medida en que confiemos en Él, en la misma medida cosecharemos los beneficios de esa confianza.

¡Qué afirmación tan increíble! Dios quiere que sepamos que aunque haya mil cayendo a nuestro lado y diez mil a nuestra diestra, eso no niega la promesa de que la destrucción no se acercará a aquel que escoge creer y confiar en su Palabra. Dios quiere decir exactamente lo que dice.

¿Ha estado alguna vez pescando en un lago en mitad de la noche? Algunas personas piensan que es el mejor momento para pescar peces. Cuando mi esposo tenía siete años de edad, todas las personas que trabajaban para su padre llevaron sus botes al lago Brownwood para pescar en la noche. A Jack lo pusieron en un bote con cinco adultos, para que estuviera bien supervisado. Ya que uno de los hombres en ese bote era un experto nadador, su mamá y su papá pensaron que él estaría especialmente en buenas manos.

Más tarde aquella noche, durante uno de los momentos en que los botes iban hacia delante y hacia atrás a la costa a buscar cebo, Jack salió de su bote y se metió en otro sin que nadie se diera cuenta. Entonces se fueron—sin Jack—y regresaron al lago en la oscuridad. Eso sucedió antes de que hubiera normas sobre chalecos salvavidas y luces en los botes de pesca, así que nadie pudo ver en la oscuridad lo que realmente sucedió. Quizá chocaron con una piedra. Pero por alguna razón, el bote en que Jack había estado se hundió. Las otras cinco personas que había en él se ahogaron, hasta el nadador experto. Se hizo obvio que Jack había sido dirigido a otro bote por una mano invisible.

El desastre puede llegar de repente cuando todo está yendo bien y realmente puede romperse su corazón al ver momentos en que caen mil. Por eso las promesas en el Salmo 91 son tan importantes para usted.

No es un accidente que la pequeña frase "mas a ti no llegará" esté metida en medio del salmo. ¿Ha observado lo fácil que es volverse temeroso cuando el desastre golpea a su alrededor? Comenzamos a sentirnos como Pedro debió de haberse sentido cuando anduvo sobre el agua hacia Jesús. Es fácil ver cómo él comenzó a hundirse en las olas cuando vio toda la turbulencia de la tormenta a su alrededor.

Dios sabía que habría momentos en que oiríamos tantos informes negativos, veríamos tantas necesidades, y nos encontraríamos con tanto peligro a nuestro alrededor, que nos sentiríamos abrumados. Por eso Él nos advirtió de antemano de que miles caerían alrededor de nosotros. Él no quería que estuviéramos desprevenidos. Pero en ese punto tenemos que hacer una elección. ¡La bola está en nuestro campo! Podemos escoger correr a su refugio en fe, y la tormenta no llegará a nosotros, o podemos vivir pasivamente nuestra vida tal como el mundo lo hace, sin darnos cuenta de que hay algo que podemos hacer al respecto.

El Salmo 91 es la medida *preventiva* que Dios ha dado a sus hijos contra todo mal conocido por la humanidad. En ningún otro lugar en la Palabra están todas las promesas de protección (incluyendo la ayuda de ángeles, al igual que promesas asegurando nuestra autoridad) acumuladas en un solo pacto para ofrecer un paquete tan completo para vivir en este mundo. Es una medida tanto *ofensiva* como *defensiva* para desviar todo mal antes de que haya tenido tiempo para golpear. ¡No es sólo una *cura* sino también un plan para una *prevención completa!*

Qué tremenda perspectiva después de que nuestras mentes hayan sido renovadas por la Palabra de Dios para entender, contrariamente al pensamiento del mundo, que no tenemos por qué estar entre los diez mil que caen a nuestra diestra.

Ciertamente con tus ojos mirarás
Y verás la recompensa de los impíos.

—SALMO 91:8

Verás la recompensa (pago) siendo distribuida a veces. Hay juicio. Tarde o temprano, todo pecado será expuesto y pagado. Un dictador malvado cae, un agresor injusto es detenido, un tirano afronta sus crímenes contra la humanidad, un mal es rectificado: la *recompensa de los impíos habla de justicia*. Se han luchado guerras donde un bando tenía una causa justa y, por consiguiente, el bien venció al mal. La justicia de Dios es que la maldad no triunfe; que otros Hitler no ganen, que gobiernos comunistas caigan, que la oscuridad no extinga la luz.

El versículo 8 dice que "mirarás" y lo verás suceder. Denota una protección de sólo ver y no experimentar el mal, y denota separación en cuanto a que el mal que *vemos* no entrará en nuestro interior. Somos apartados en cuanto a que no permitimos que el odio de nuestro enemigo nos cambie.

Veamos por un momento este pasaje con nuestra fe en mente; ¿caemos algunas veces en incredulidad? La fe en Dios, en su Hijo Jesucristo, y en su Palabra es *contada* ante los ojos de Dios como justicia. Pero cuando estamos en incredulidad, hasta cierto grado nos estamos situando a nosotros mismos en la categoría de los *malvados*. A veces, incluso como cristiana, yo he sido una creyente *incrédula* cuando se trata de recibir *toda* la Palabra de Dios.

Jesús dice en Mateo 5:18: "Ni una jota ni una tilde pasará de la ley, hasta que todo se haya cumplido". Aun si los creyentes nunca han utilizado este salmo en su pleno potencial, la verdad nunca ha pasado ni se ha perdido ni un ápice de su poder.

Muchas personas piensan en el evangelio como en una política de seguros, que asegura solamente su eternidad y su consuelo después de los desastres. Se están privando a sí mismos de muchas cosas. Quizá lo único que necesitamos preguntarnos es: "¿Qué tipo de cobertura tengo yo; de incendios o de vida?". La Palabra de Dios es más que meramente un escape del infierno; es un manual para vivir una vida victoriosa *en este mundo.*

Jesús vivió en una esfera donde literalmente el mal no se acercaba a Él. Existe una diferencia entre la destrucción del enemigo y la persecución por causa del evangelio. Pablo escribe en 2 Timoteo 3:12: "Y también todos los que quieren vivir piadosamente en Cristo Jesús padecerán persecución". Hay momentos en que seremos maltratados debido a nuestra posición por la causa de Cristo. El Salmo 91 es un concepto muy distintivo que trata de desastres naturales, accidentes, enfermedad y destrucción. Jesús sufrió persecución, pero no afrontó calamidad, desastre y accidentes. Los accidentes nunca se *acercaron* a Él. Esta distinción es fácil de entender si separa usted la persecución de los accidentes.

Hay un lugar donde la calamidad literalmente ni siquiera se acerca a nosotros. Esto sería aparentemente imposible de imaginar, especialmente en situaciones de combate. Sin embargo, al leer este versículo en su verdadero contexto, *con miles cayendo a cada lado,* observamos la descripción más fuerte de víctimas y calamidad que se nombra en el salmo. Si este versículo no es una descripción del combate real, no sé lo que es. Sin embargo, hay vinculada una promesa de protección por encima de cualquier cosa que pudiera imaginarse. Este retrato de *personas cayendo* está directamente relacionado con la promesa de que *ni siquiera se acercará a nosotros.* ¡Dos polos opuestos unidos!

Demasiadas personas leen el Salmo 91 como una hermosa promesa que ellos archivan junto con todos sus otros materiales de lectura de calidad. Les hace sentir consuelo cada vez que lo leen. Pero no quiero que nadie que lea este libro no vea la *importancia superior* de estas promesas en este salmo. No están escritas para nuestra inspiración sino para nuestra protección. No son palabras de consuelo *en* la aflicción sino palabras de liberación *de* la aflicción.

NINGUNA PLAGA SE ACERCARÁ A MI FAMILIA

No te sobrevendrá mal,
Ni plaga tocará tu morada.

—SALMO 91:10

¿ESTÁ PREOCUPADO POR EL bienestar de su familia? Esta parte del Salmo 91 está escrita justamente para usted. Después de que Dios repita nuestra parte de la condición en el versículo 9, entonces vuelve a hacer hincapié en la promesa en el versículo 10: "Ni plaga tocará tu morada". ¡En este punto en el salmo es donde la Biblia hace este pacto más global que meramente tratarse de nosotros mismos!

Dios acaba de añadir una *nueva dimensión* a la promesa: la oportunidad de ejercitar fe no sólo para nosotros mismos sino también para la protección de toda nuestra casa. Si estas promesas estuvieran sólo disponibles para nosotros como individuos, no serían completamente consoladoras. Debido a que Dios ha creado dentro de nosotros un instinto de ser protegidos y una necesidad de proteger a quienes nos pertenecen, Él nos ha asegurado que estas promesas son para cada uno de nosotros y para nuestros *hogares*.

Parece que los líderes del Antiguo Testamento tenían un mejor entendimiento de este concepto que nosotros que estamos bajo el nuevo pacto. Por eso Josué escogió por él mismo *y por su casa*.

> Y si mal os parece servir a Jehová, escogeos hoy a quién sirváis…pero *yo y mi casa* serviremos a Jehová.
> —JOSUÉ 24:15, ÉNFASIS DE LA AUTORA

Cuando Josué tomó la decisión de que su casa serviría a Dios con él, estaba influenciando el destino de ellos y declarando su protección al mismo tiempo. De manera muy similar, Rahab hizo un trato con los espías israelíes para toda su familia (Josué 2:13).

Cuando nuestros corazones están verdaderamente firmes, y confiamos en la fidelidad de Él para cumplir sus promesas, no tendremos miedo constantemente de que algo malo le suceda a alguno de nuestros familiares.

> No tendrá temor de malas noticias;
> Su corazón está firme, confiado en Jehová.
> —SALMO 112:7

Las expectativas negativas comenzarán a irse y comenzaremos a esperar buenas noticias. Según este versículo, podemos agarrar nuestras orejas y proclamar: "¡Estas orejas fueron hechas para oír buenas noticias!". El temor a las malas noticias puede inundar nuestra existencia misma, cosas como el temor a que suene el teléfono en la noche, a esa llamada en la puerta, a la sirena de una ambulancia, o una carta de condolencia. Este versículo promete que un corazón firme no vivirá en constante temor a las noticias trágicas. Alguien dijo una vez: "El temor llamó a la puerta, y la fe contestó. No había nadie allí".[1] Cuando el temor llame, deje que su boca diga en voz alta: "No temeré malas noticias; ¡mi corazón está firme, confiando en ti!".

Ejercitamos cierta cantidad de autoridad para quienes están *bajo nuestro techo*. Nuestra familia ha tenido varias experiencias notables de Dios librando a personas de calamidad que estaban en nuestra tierra, en nuestra casa, o *cerca de nuestra morada*. En una ilustración de esto, nuestro nieto, Heath Adams, había salido a cazar con uno de sus amigos. Al ver un coyote, el amigo intercambió su lugar con Heath y saltó al asiento del pasajero de la camioneta para ver mejor. Ya que el bípode de su rifle era más largo que el cañón, no podía dejar abajo el cañón, así que dejó el rifle 30-06 descansando entre sus piernas, mirando hacia arriba. De algún modo, el movimiento de la camioneta hizo que el arma se disparase, enviando una bala a través de su pecho y su axila. El amigo comenzó a gritar que había recibido un disparo, y para consternación de Heath, lo único que vio era una sangrienta masa de músculo y tejidos. La conmoción sólo por el disparo fue tan fuerte que voló el cristal trasero. En un instante, Heath se quitó su chaqueta, la puso bajo el brazo de su amigo, y entonces aplicó presión al brazo y al pecho en un esfuerzo por detener la hemorragia. De modo simultáneo, aplicando presión al brazo y agarrando el volante para mantenerlo firme, condujo rápidamente sobre la helada carretera, a la vez buscando todo el tiempo servicio con su teléfono celular, todo ello sin ningún accidente. No fue nada menos que un milagro.

Heath pudo conectar a través de su teléfono celular con emergencias, pero aún tenía que conducir la distancia de veintidós millas hasta la ciudad más cercana. Eso también pudo haber sido parte del plan de Dios, porque le dio tiempo para declarar la promesa de Dios del Salmo 91. Heath dijo después que no estaba dispuesto a dejar morir a su amigo. Su amigo no había *nacido de nuevo* y él estaba decidido a que ningún dardo de fuego del enemigo fuera a llevarse a su amigo antes de que Él hiciera a Jesús el Señor de su vida. Todo el terrible episodio fue milagroso, pues el amigo pasó por seis horas de cirugía y salió sin ningún daño permanente.

Dios sin duda estuvo obrando aquel día. Normalmente habría sido desastroso conducir a unos ochenta kilómetros por hora en una helada carretera de Montana en diciembre, especialmente mientras se conduce con la mano izquierda durante una situación de vida o muerte. Pero Heath dijo que a pesar de lo rápido que él conducía, Dios dio a la camioneta la tracción suficiente para que ni una sola vez hubiera ni un indicio de resbalamiento de las ruedas. Más adelante regresaron al mismo lugar, y por mucho que lo intentaron, no pudieron conseguir cobertura en el teléfono celular en ningún lugar en ese trayecto. Desde luego, el mayor milagro de todos fue que una herida de bala atravesando el pecho y el brazo ni tocó un órgano vital ni dañó su brazo de modo que no se pudiera recuperar. El amigo de Heath fue bendecido al haber estado con alguien que conocía y amaba a Dios y se mantuvo firme en la Palabra de Dios.

En Mateo 13:32, Jesús hace referencia a la semilla de mostaza que comienza siendo una planta, pero se convierte en un árbol con aves haciendo nidos en sus ramas. Otros pueden encontrar protección también en nuestra fe cuando plantamos la semilla de la Palabra.

La belleza de este salmo es que cuando alguien ora por otros aparte de sí mismo, lleva a toda la familia bajo el escudo de la Palabra de Dios. Introduce y nos añade dimensión a nosotros como individuos para poder aplicar la riqueza de este pacto a toda nuestra casa.

Tarde una noche, poco después de haber construido nuestro nuevo hogar en el campo, nuestra familia se vio ante una grave alerta meteorológica. La estación de radio local advirtió de que se había divisado un tornado justamente al sur del club campestre: justo donde estaba localizada nuestra propiedad. Podíamos ver a varios de los vehículos del club aparcados en la carretera debajo de nuestra colina y a los miembros viendo la nube que parecía estar dirigiéndose directamente hacia nuestra casa.

Yo nunca había visto un color tan extraño y sobrecogedor en el cielo nocturno, ni había experimentado un silencio tan atronador en la atmósfera. Uno realmente podía sentir que el cabello se le erizaba. Algunos de los amigos de nuestro hijo estaban de visita con nosotros y, para sorpresa de ellos, Jack rápidamente indicó que nuestra familia saliera con nuestras Biblias (aunque estábamos en pijama) y comenzásemos a rodear la casa, citando el Salmo 91 y tomando autoridad sobre la tormenta. Jack hizo que nuestros hijos hablasen directamente a la tormenta, al igual que hizo Jesús.

El sobrecogedor silencio de repente se convirtió en un estruendo, con torrentes de lluvia cayendo en lo que parecían ser raudales. Finalmente, Jack tuvo una paz de que el peligro había pasado, aunque a la vista nada había cambiado.

Entramos de nuevo a la casa justo a tiempo para oír al reportero en la radio anunciar y exclamar, con tanta emoción que casi gritaba: "Esto no es nada menos que un milagro; la nube al sur del club campestre de Brownwood de repente se ha elevado y se ha disipado entre las nubes".

Debería haber visto a aquellos niños saltar y gritar. Fue la primera vez en que los amigos de mis hijos habían observado la obra de lo sobrenatural. Sin embargo, su sorpresa no fue mayor que la del profesor universitario de mi hija al día siguiente. Él preguntó a los alumnos en su clase qué estaban haciendo durante la tormenta. Varios dijeron que estaban en la bañera cubiertos con mantas. Algunos estaban dentro de armarios, ¡y uno estaba en un sótano para tormentas!

Podrá imaginar la sorpresa cuando él llegó a nuestra hija, Angelia, que dijo: "Con el tornado dirigiéndose en dirección a nosotros, mi familia estuvo rodeando la casa, citando del Salmo 91: "No temeremos...mortandad que en medio del día destruya...Caerán a tu lado mil, y diez mil a tu diestra; *mas a ti no llegará...No te sobrevendrá mal, ni plaga tocará tu morada*".

Qué gozo saber que tenemos las promesas en el Salmo 91 que no sólo le protegerán a usted sino también a su familia y a quienes estén cerca de su morada.

Capítulo

ÁNGELES ESTÁN VELANDO POR MÍ

Pues a sus ángeles mandará acerca de ti,
Que te guarden en todos tus caminos.
En las manos te llevarán,
Para que tu pie no tropiece en piedra

—Salmo 91:11–12

EN LOS VERSÍCULOS 11 y 12, Dios hace otra promesa única con respecto a una dimensión adicional de nuestra protección. Esta es una de las promesas más preciosas de Dios, y Él la puso justamente aquí, en el Salmo 91. De hecho, esta es una de las promesas que Satanás utilizó para tentar a Jesús.

La mayoría de cristianos leen esta promesa pasándola por alto pensando muy poco, si es que piensan, en la magnitud de lo que se está diciendo. Sólo cuando lleguemos al cielo entenderemos todas las cosas de las cuales fuimos librados debido a la intervención de los ángeles de Dios por nosotros.

Estoy segura de que habrá leído historias sobre misioneros cuyas vidas fueron libradas debido a que unos potenciales asesinos vieron a grandes guardaespaldas protegiéndoles cuando, de hecho, no había nadie allí en lo natural. Lo mismo es cierto con soldados que han tenido experiencias parecidas en combate. Tenemos que preguntarnos qué vio el soldado iraquí cuando estaba situado y listo para lanzar su lanza granadas RPG al Humvee de Zebulon Batke en Bagdad. Él se detuvo, de repente, en medio de la acción, se quedó mirando algo, y entonces le gritó a su camarada, haciendo que ambos se diesen la vuelta y huyeran para salvar sus vidas.[1]

Todos podemos recordar momentos en que escapamos de una tragedia y no hubo explicación en lo natural. Es posible "hospedar ángeles sin saberlo", como dice en Hebreos 13:2. Tristemente, creo que la mayoría de los cristianos tienen tendencia a descartar por completo el ministerio de los ángeles.

Varios escritores famosos, incluyendo a C. S. Lewis,[2] han hecho alusión a la batalla en Mons, Bélgica, donde un gran número de los soldados británicos dijeron haber visto lo que todos ellos llamaron *una intervención de ángeles* que llegaron a ayudarles contra los alemanes en agosto de 1914. Según los informes de aquellos soldados, esa ayuda angélica no podía haber llegado en un momento más perfecto, pues ellos estaban siendo sobrepasados por un persistente avance alemán. Hay una versión similar de la historia de Mons relatada por prisioneros alemanes que describieron lo que ellos denominaron un ejército de fantasmas armados con arcos y flechas y dirigidos por una figura muy alta sobre un caballo blanco que instó a las tropas británicas a avanzar. Muchos diarios y cartas muestran que, en 1915, los británicos habían aceptado la creencia de que un evento sobrenatural ciertamente se había producido. Los historiadores militares que han estudiado esta escena de la batalla en Bélgica han incorporado de modo entusiasta la aparición de los ángeles en Mons en sus escritos. En otro relato de la batalla en Mons, algunos guardias, que fueron los últimos en retirarse, se habían perdido en la zona del bosque Mormal y se habían atrincherado para aguantar. Un ángel apareció y los guió a través de un campo abierto hasta una carretera oculta y hundida, la cual les permitió escapar. Verdaderamente, Inglaterra ha tenido una larga historia de vínculos de lo celestial con lo militar.[3]

Un ejemplo actual implica a alguien a quien conocemos personalmente. Floyd Bowers, un buen amigo nuestro que trabajaba en las minas de Clovis, Nuevo México, tenía la responsabilidad de hacer estallar los explosivos. Un día en particular, él estaba listo para apretar el interruptor cuando alguien le dio unos golpecitos en el hombro. Para sorpresa de él, no había nadie por allí. Decidiendo que debió de haber sido su imaginación, se preparó otra vez para detonar la dinamita, pero sintió otro golpecito en su hombro. De nuevo, no había nadie allí. Floyd decidió mover todo el equipo de arranque un poco más adelante en el túnel. Cuando finalmente metió el cargador, toda la parte de arriba del túnel se derrumbó justamente donde él había estado. ¿Una coincidencia? Uno nunca podría hacer creer eso a nuestro amigo. Él supo que *alguien* le había dado golpecitos en el hombro.

¿Está usted en el camino del peligro? ¿Se siente solo? No está usted solo; Dios ha dado a sus ángeles: guardaespaldas celestiales personales para protegerlo. Más son los que luchan con usted que contra usted.

El versículo 11 del Salmo 91 dice: "Pues a sus ángeles *mandará* acerca de ti, que te guarden en todos tus caminos" (énfasis de la autora). ¿Qué significa eso? Piense conmigo por un momento. ¿Se ha hecho alguna vez cargo de una situación? Cuando usted se hace cargo de algo, se sitúa en un lugar de liderazgo. Comienza a decirles a todos qué hacer y cómo hacerlo. Si los ángeles se están haciendo cargo de las cosas que nos conciernen, Dios ha dado a los ángeles la autoridad de actuar por nosotros. Esa misma verdad se repite en Hebreos.

> ¿No son todos espíritus ministradores, enviados para servicio a favor de los que serán herederos de la salvación?
>
> —HEBREOS 1:14

Cuando miramos a Dios como la fuente de nuestra protección y provisión, los ángeles están constantemente *dándonos ayuda* y *haciéndose cargo* de nuestros asuntos. El Salmo 103:20 dice: "…sus ángeles, poderosos en fortaleza…Obedeciendo a la voz de su precepto". Cuando proclamamos la Palabra de Dios, los ángeles se apresuran a llevarla a cabo.

El versículo 11 del Salmo 91 también dice que los ángeles te *guardarán* en todos tus caminos. ¿Has visto alguna vez a un soldado de guardia, protegiendo a alguien? Ese soldado está atento: alerta, vigilante, y listo para proteger ante la primera señal de ataque. ¿Cuánto más están en *guardia* los ángeles de Dios sobre los hijos de Dios, alertas y listos para protegerlos en todo momento? ¿Creemos eso? ¿Hemos pensado alguna vez en ello? La fe es lo que libera esta promesa para que obre a favor de usted. Qué consolador es saber que Dios ha situado a esos guardas celestiales para que se ocupen de nosotros.

El Salmo 91 nombra muchas maneras diferentes mediante las cuales Dios nos protege. Es emocionante entender por este salmo del Antiguo Testamento que la protección no es sólo una idea al azar en la mente de Dios, Él está comprometido a ella. La protección angélica es otra de las maneras *únicas* en que Dios ha proporcionado esa protección. Qué idea tan poco usual añadir a seres de verdad pensados para protegernos. Él ha mandado ángeles para que *nos guarden en todos nuestros caminos*.

Capítulo

EL ENEMIGO ESTÁ BAJO MIS PIES

Sobre el león y el áspid pisarás;
Hollarás al cachorro del león y al dragón.

—SALMO 91:13

AQUÍ EN EL VERSÍCULO 13 Dios pasa a otro tema. Él nos lleva del tema de nuestra protección *por Él* y hace hincapié en *la autoridad en su nombre* que nos ha sido dada a nosotros como creyentes.

Tome nota del pasaje correspondiente en el Nuevo Testamento que habla de la autoridad que Él nos ha dado:

He aquí os doy potestad de hollar serpientes y escorpiones, y sobre toda fuerza del enemigo, y nada os dañará.

—LUCAS 10:19

A nosotros, como cristianos, se nos ha dado autoridad sobre el enemigo. *¡Él no tiene autoridad sobre nosotros!* Necesitamos tomar el tiempo para permitir que esta increíble realidad haga mella en nosotros. Sin embargo, nuestra autoridad sobre el enemigo no es automática.

Mi esposo cree que muy pocos cristianos utilizan su autoridad. ¡Con demasiada frecuencia *oran* cuando deberían estar *tomando autoridad!* En su mayor parte, Jesús oraba en la noche y tomaba autoridad todo el día. No es momento de comenzar a orar cuando nos encontramos con el enemigo, necesitamos *haber orado ya* para entonces. Cuando nos encontramos con el enemigo, es el momento en que necesitamos pronunciar la autoridad que tenemos en el nombre de Jesús.

Si un pistolero de repente se enfrentara a usted, ¿tendría la suficiente confianza en su autoridad para poder declarar con valentía: "Estoy en pacto con el Dios vivo, y tengo una cobertura de sangre que me protege de cualquier cosa que tú pudieras intentar hacer. Así que, en el nombre de Jesús, te ordeno que bajes esa pistola"?

Si no tenemos esa clase de valentía, entonces necesitamos meditar en los pasajes sobre la autoridad hasta que tengamos la suficiente confianza en quiénes somos *en Cristo*. En el nuevo nacimiento, inmediatamente tenemos suficiente poder a nuestra disposición para pisotear el enemigo sin sufrir daño. La mayoría de los cristianos, sin embargo, o bien no lo saben, o no lo utilizan. ¿Cuán frecuentemente creemos la Palabra lo bastante para actuar basados en ella?

Veamos lo que este versículo está diciendo en realidad. ¿Qué bien nos hace tener autoridad sobre leones y serpientes a menos que estemos en África, o India, o en algún lugar parecido? ¿Qué *significa* cuando dice que pisaremos al león, al cachorro de león, a la serpiente y al dragón? Estas palabras son representaciones gráficas de cosas que son potencialmente dañinas en nuestra vida cotidiana. Son maneras inolvidables de describir los diferentes tipos de opresión satánica que vienen en contra de nosotros. Por tanto, ¿qué significan esos términos para nosotros en la actualidad? Vamos a analizarlos.

1. Problemas de león

En primer lugar, podemos encontrarnos con *problemas de león*: esos problemas son fuertes y declarados y vienen a plena luz del día para golpearnos de frente. En un momento u otro todos hemos tenido algo claro y manifiesto que llega en contra de nosotros. Podría haber sido un accidente de tráfico o un encuentro cara a cara con el enemigo en el campo de batalla. Podría haber sido una factura inesperada a final de mes, causando una reacción en cadena de cheques sin liquidar. Esos son problemas de *león*: dificultades obvias que con frecuencia parecen insuperables. Sin embargo, Dios dice que los pisaremos; ellos no nos pisarán a nosotros.

2. Problemas de cachorro de león

Los cachorros de león son problemas menos obvios, más pequeños, que pueden llegar a convertirse en problemas a gran escala si no los manejamos. Esos problemas de cachorro de león llegan para acosarnos y destruirnos gradualmente como pequeñas zorras. Sutiles pensamientos negativos que nos dicen que no sobreviviremos, o que nuestro cónyuge ya no nos ama, o que ya no estamos enamorados de nuestro cónyuge, son buenos ejemplos de esta categoría. Esas pequeñas zorras se harán grandes si no son capturadas y destruidas (2 Corintios 10:4–5). Responda a esas pequeñas zorras con la Palabra de Dios. Pequeños hostigamientos, distracciones e irritaciones son cachorros de león.

Cazadnos las zorras, las zorras pequeñas, que echan
a perder las viñas;
Porque nuestras viñas están en cierne.
—CANTAR DE LOS CANTARES 2:15

3. Problemas de serpiente

Dios nombra a continuación problemas de *serpiente*. Son los
problemas que parecen acercarse sigilosamente a nosotros como
una *serpiente en la hierba* a lo largo del día. Son lo que podríamos llamar un ataque *secreto* que causa muerte repentina, una
maquinación engañosa que nos mantiene cegados hasta que nos
devora. Una emboscada militar por sorpresa, no distinguir al
enemigo de un civil, una carta que empieza: Querido Juan: son
ejemplos de problemas de *serpiente*. Gracias a Dios que tenemos
autoridad para pisar tales cosas a fin de que esos ataques por sorpresa no nos derroten.

¿Cuántas veces ha sido usted testigo de cómo un matrimonio
inesperadamente se destruye de modo tan repentino que usted
no podía ni imaginar lo que sucedió, sólo para descubrir después
que había habido problemas continuos tras bambalinas? Cuando la causa quedó al descubierto, el veneno ya había hecho su
efecto en sus víctimas. Hay mucha presión sobre el matrimonio
en nuestro mundo actual, y los ataques de serpiente de Satanás
están detrás de la mayoría de esas vulnerabilidades: pornografía, no mantener puro el lecho matrimonial, adulterio, homosexualidad y hasta largas horas de trabajo que crean distancia en la
familia. En un principio, esas cosas son difíciles de detectar y son
parecidas a las heridas puntuales de un mordisco de serpiente.
Aunque nadie ve el veneno cuando viaja por el cuerpo, los resultados son siempre dañinos y con frecuencia mortales. Solamente
la restauración y el perdón de Dios pueden deshacer esos ataques
una vez que se han producido.

A veces en la vida, las cosas pueden suceder con tanta rapidez que no tenemos tiempo para orar antes de que sea demasiado tarde. ¿Qué se puede hacer cuando el ataque es rápido y mortal, y llega por sorpresa? La historia de nuestra nieta Jolena de un accidente casi trágico que implicó a su hija, Peyton, es un ejemplo de un ataque de serpiente. Uno de los amigos íntimos de nuestra familia había perdido a un hijo en un accidente muy trágico, así que siempre ha estado en nuestras mentes y corazones. Después de ese evento, Jolena nos dijo que ella siempre había orado el Salmo 91, pero que recientemente había comenzado a orar de modo preventivo por sus hijos con respecto a bicicletas y accidentes de tráfico. Ella no sólo *enseñó* a sus hijos las reglas de seguridad, sino que al menos una vez por semana proclamaba que nada como eso tendría la capacidad de llegar. Bien, la *serpiente* lo intentó, ¡pero la oración preventiva sobre este tipo de ataque en particular dio su fruto! (Lea el testimonio de Jolena en la página 133).

Definitivamente, necesitamos la protección de Dios contra ataques de *serpiente*.

4. Problemas de dragón

Podríamos haber imaginado los anteriores ejemplos figurados, ¿pero cuáles son los problemas de *dragón*? Busqué la palabra hebrea en la concordancia *Strong's*, y decía *monstruo marino*.[1] En primer lugar, no hay tal cosa como un dragón o un monstruo marino. Los dragones son producto de la imaginación. ¿Pero ha experimentado usted temores que eran producto de su imaginación? Seguro que sí. ¡Todos los hemos experimentado!

Los problemas de dragón representan nuestros temores infundados: temores a fantasmas o espejismos. Eso suena bastante inofensivo, ¿pero es usted consciente de que los temores a fantasmas pueden ser tan mortales como temores a la realidad si los creemos?

Los temores de *dragón* de algunas personas son tan reales para ellas como los problemas de *león* de otra persona. Por eso es importante definir sus temores. Muchas personas pasan toda su vida huyendo de algo que ni siquiera les persigue. Muchas personas permiten que un problema de *león* que siempre han afrontado se convierta en un problema *fantasma* con el que batallan el resto de su vida.

> Huye el impío sin que nadie lo persiga.
> —PROVERBIOS 28:1

Este versículo es una buena definición de temores fantasma. Hemos tenido a muchas personas compartiendo testimonios de la liberación de Dios de cosas como temor a lo desconocido, temor a afrontar el futuro solo, temor a la pérdida, temor a la muerte, sospechas atormentadoras, claustrofobia y otros.

Esta categoría de temores de dragón adopta la forma de imaginaciones vanas. Cuando Angelia estaba en un viaje misionero que implicaba llevar Biblias de contrabando a un país comunista, las Biblias para la iglesia subterránea se entregaban al grupo para que cruzasen la frontera con ellas. Angelia quedó sorprendida al ver que muchas personas en el grupo, en el último minuto, decían que oyeron a Dios decirles que no cruzaran ninguna Biblia, en lugar de sencillamente admitir que tenían temor. Más adelante, sin embargo, cuando descubrieron que el cien por ciento de las Biblias que fueron llevadas habían cruzado con éxito la frontera mediante la intervención divina, tuvieron que afrontar el hecho de que vanas imaginaciones les habían causado perderse ser parte del éxito de llevar Biblias a la iglesia subterránea. Muchas personas han pensado: "Dios me dijo" cuando, de hecho, no fue más que una vana imaginación que ocultaba un temor. Yo he conocido a muchas personas que decían que no podían prestarse voluntarias en un correccional estatal porque pensaban que podrían quedar atrapadas en una revuelta, o que no podían ir a un viaje misionero porque podrían contraer algún tipo de enfermedad, o hasta quienes sentían que no podían evangelizar porque podrían hacerles alguna pregunta que no podrían responder. ¿Cuántas oportunidades para el Señor hemos perdido debido a temores de *dragón* de vanas imaginaciones?

El temor de dragón es una forma muy válida de ataque espiritual, especialmente para soldados que han estado sujetos a largos periodos de intensa batalla. Cuando mi hija y su esposo se casaron, vivían en un apartamento administrado por un veterano de Vietnam. Angelia apareció un día detrás de él para llevarle el cheque de la renta, y él se puso *en forma de ataque*. Después, se disculpó mucho, pero su cuerpo aún vivía en una zona del pasado. Él estaba fuera de peligro, pero aún vivía allí. Otros experimentan gimnasia mental y noches sin dormir, pensando en todas las cosas que pueden salir mal en cada situación. Los temores de dragón mantienen a la persona viviendo en el pasado o en el futuro en lugar de experimentar la vida en el presente. Los temores de fantasía pueden causar que realicemos muchas huídas innecesarias en la vida, así que la autoridad sobre *dragones* no es un juego mental.

Pero la buena noticia es que Dios dice que pisotearemos *todos* los poderes del enemigo, sin importar lo fuertes, sutiles, engañosos o imaginarios que esos poderes pudieran ser. ¡Dios nos ha dado autoridad sobre todos ellos! Ya no tenemos que soportar los temores paralizantes que anteriormente atenazaban nuestro corazón y nos dejaban impotentes ante el mal que golpeaba alrededor de nosotros. Dios nos ha dado *sus poderes*, y esos problemas ahora tienen que someterse a la autoridad de su nombre. Me gusta la palabra *pisar*. Pienso en un tanque que cruza una meseta llena de malezas. Por dondequiera que pisa el tanque, todo queda aplastado y plano sobre el suelo. Es una estupenda imagen de nuestra autoridad sobre esos enemigos espirituales, pisando como un tanque y aplastando todo lo que sea malo en nuestro camino. Esa es una fuerte descripción de nuestra autoridad al pisar al león, al cachorro de león, a la serpiente y al dragón.

Capítulo

PORQUE LE AMO

Por cuanto en mí ha puesto su amor,
yo también...

—Salmo 91:14

En los versículos 14–16 del Salmo 91, el autor pasa de hablar en tercera persona *sobre* las promesas de Dios a Dios hablándonos personalmente desde su *lugar secreto* y *anunciando* sus promesas en primera persona. Es un dramático cambio de tono, pues pasa a ser Dios hablando proféticamente a cada uno de nosotros directamente, denotando significativamente mayor profundidad en la relación.

En estos tres versículos Él da siete promesas con un triunfo tan obvio como el que obtiene un hombre cuando una mujer acepta su proposición de matrimonio. Un compromiso a amar implica elegir. Cuando se elige a una persona sobre todas las demás, uno pone su amor en ella y se embarca en una relación más profunda. Esa es la imagen de cómo Dios pone su amor en nosotros. De igual manera, este pasaje desafía al lector a poner su amor en Dios. Cuando lo hace, la promesa tiene efecto, y Dios es indulgente con sus promesas para aquel que le ama.

El amor es la cohesión que une al hombre a Dios y Dios será fiel a su amado. El amor siempre requiere presencia y cercanía. Recuerdos especiales nacen de la relación. Por eso estos versículos no pueden explicarse totalmente, sino que tienen que ser experimentados. Permita que ponga una ilustración.

Si es usted padre o madre, puede que haya observado con horror cómo su hijo pequeño agarraba a un gatito recién nacido por el pescuezo y lo llevaba hasta el jardín. Puede que usted se preguntase cómo iba a sobrevivir.

En nuestra familia era una vieja gallina la que soportaba la aflicción por parte de nuestros hijos tan entusiastas. Ole Red dejaba que la agarraran mientras estaba en el proceso de poner su huevo y lo depositaba justamente en las anhelantes manitas de Angie. Los niños tenían su mérito en cuanto a lo que anunciaban como los *huevos más frescos de la ciudad*, algunas veces el huevo ni siquiera tocaba el nido. La época de puesta tenía su propia fascinación especial para los niños, mientras observaban a Ole Red tratar de empollar más huevos de aquellos sobre los que podía sentarse. Los niños numeraban los huevos con lapicero para asegurarse de que cada huevo fuese adecuadamente rotado y se mantuviera con calor, y hasta rotaban huevos entre diferentes gallinas. Ellos esperaban los veintiún días y, entonces, con un deleite contagioso, me llamaban para ver el nido rebosante de pollitos. Aquella vieja gallina tenía una camada de pollitos que salió de huevos empollados de todas las demás gallinas del gallinero.

Observar el escenario así de cerca tenía su propio y extraño encanto, pues uno podía ser testigo de la *protección* que ella daba a esos pollitos de una manera que la mayoría de personas nunca tienen la oportunidad de observar. Recuerdo sus plumas cuando ella agitaba sus alas. Recuerdo el olor de la paja fresca que los niños ponían en el nido. Recuerdo que podía ver por su suave y velloso costado y observar el rítmico latido de su corazón. Esos pollitos tenían casi una posición envidiable: algo que todos los libros sobre *la teología de la protección* nunca podrían explicar con meras palabras. Era la imagen inolvidable de un entendimiento auténtico de lo que significa estar *debajo de las alas*. ¡Aquellos eran unos pollitos felices! La *verdadera protección* tiene todo que ver con la *cercanía*.

Algunas personas reconocen que hay un Dios, otras lo *conocen*. Ni la madurez ni la educación ni la herencia familiar... o incluso toda una vida siendo un cristiano nominal puede hacer que una persona lo *conozca* a Él. Solamente un encuentro con el Señor y pasar tiempo con Él harán que uno se aferre a las promesas del Salmo 91.

Necesitamos hacernos la pregunta: "¿De verdad lo amo?". Jesús hasta le preguntó eso a Pedro, un íntimo discípulo (Juan 21:15). ¿Puede imaginarse cómo debió sentirse Pedro cuando Jesús le preguntó tres veces: "Pedro, ¿me amas?". Aun así, necesitamos preguntarnos eso a nosotros mismos, porque estas promesas se hacen solamente a aquellos que genuinamente han puesto su amor en Él. Tome nota especialmente del hecho de que estas siete promesas están *reservadas* para quienes corresponden al amor de Él.

Y recuerde que el Señor dijo en Juan 14:15: "Si me amáis, guardad mis mandamientos". Nuestra obediencia es un *indicsador* confiable que muestra que realmente le amamos. ¿Le ama usted? Si es así, ¡estas promesas son para usted!

Capítulo

DIOS ES MI LIBERTADOR

Por cuanto en mí ha puesto su amor,
yo también lo libraré.
—Salmo 91:14

U NA PROMESA DE LIBERACIÓN es la primera de siete promesas hechas a aquel que ama a Dios. ¡Hága-
lo personal! Por ejemplo, yo lo cito así: "Por cuanto en
ti he puesto mi amor, Señor, te doy gracias por tu promesa de
librarme".

Cuando era joven, necesitaba personalmente liberación. Casi
destruí mi matrimonio, mi familia y mi reputación porque estaba atormentada por el temor. Un incidente abrió la puerta. Puedo recordar el instante preciso en que mi vida feliz se convirtió
en una pesadilla que duró ocho años. Y un versículo me hizo
salir de ese infierno mental en vida: "Y todo aquel que invocare
el nombre de Jehová será salvo" (Joel 2:32). Muchos de ustedes

necesitan desesperadamente la promesa de liberación de Dios. La Palabra funcionó para mí y funcionará para usted.

Hay también otros tipos de liberaciones. Está la interna y la externa. Hágase la pregunta: "¿De qué me va a librar?". Recuerde las liberaciones externas de las que hablamos en capítulos anteriores. Dios nos librará de *todo* lo siguiente:

- Problemas de león
- Problemas de cachorro de león
- Problemas de serpiente
- Problemas de dragón
- Terror nocturno: males que vienen por medio del hombre, como guerra, terror, violencia
- Flechas que vuelen de día: tareas del enemigo enviadas para herir
- Peste: plagas, enfermedades mortales, epidemias fatales
- Destrucción: males sobre los cuales el hombre no tiene control

En otras palabras, Dios quiere librarnos de todo mal conocido por la humanidad. Esa protección no se detiene sólo porque pudiéramos estar en tierra extranjera, y menos en una misión peligrosa, o en medio de una feroz batalla.

Es consolador saber que Dios se implica en los detalles más mínimos de nuestra vida aunque a nosotros pueda agarrarnos fuera de guardia. "Perdido en el momento" describiría de manera más adecuada a Justin MacFarland y el equipo de alumnos universitarios que él lideraba, junto con nuestra hija, Angelia, cuando se metieron en las prístinas aguas de cataratas en lo profundo de las selvas de América Central.

Después de haber ministrado en la pequeña aldea a los pies de la montaña en Chiapas durante un par de días, el equipo decidió hacer una excursión a pie de dos horas bosque arriba hasta las fabulosas cataratas antes de pasar a la siguiente aldea.

Se podían oír las aguas mucho antes de llegar a ellos, así que a medida que se aproximaban, el entusiasmo aumentaba entre los estudiantes. Cuando se abrieron paso entre el follaje hasta las riberas del río, el grupo prorrumpió en "oh" y "ah". En un instante, se quitaron los zapatos y los calcetines, y los cuerpos chapoteaban en las una vez tranquilas lagunas de agua de la selva. Fueron subiendo por las cataratas nivel a nivel hasta que llegaron al nivel más alto.

En el fondo de ese nivel más alto hay una masiva laguna de agua profunda y fría. Desde el borde del segundo nivel hasta las aguas que caen desde el nivel más alto hay unos ciento cincuenta metros. El aire caliente y bochornoso de la selva condujo a los estudiantes a la laguna más profunda, nadando hacia el premio de una bella cascada. Después de recrearse en su logro, se tiraron desde las rocas y disfrutaron de las frías y refrescantes lagunas de agua por varias horas. Con la curiosidad que tienen la mayoría de los muchachos universitarios, no dejaron piedra sin remover y el grupo hizo bastante conmoción por sus payasadas juveniles.

Fue sorprendente para algunos del grupo que ninguno de los habitantes locales les hubiera acompañado en su nado cruzando la profunda laguna hasta lo alto de las cataratas. Justin y el resto de los estudiantes, sin embargo, habían estado tan vigorizados por el pensamiento de llegar hasta lo más alto que ni siquiera habían notado que sus compañeros no habían participado en el nado.

Los niños nativos esporádicamente aplaudían con sus manos por encima de sus cabezas, como si estuvieran metiéndose en el agua, hacia sus compañeros. El equipo pensó: "Pobres niños, ¡el año que viene les enseñaremos a nadar!". Un año después, cuando Justin preguntó por qué los niños no se unieron a ellos para nadar, le dijeron que inmensos cocodrilos guardaban las lagunas más grandes de agua. Los habitantes locales habían estado bastante impresionados de que el equipo fuese lo bastante valiente para aventurarse a entrar en la laguna grande y en sus profundas aguas. Los estudiantes, desde luego, quisieron saber por qué no les habían advertido de los cocodrilos. Ya que ellos se habían metido en el agua sin preguntar, los locales pensaron que debían de saber lo que hacían. Después de la conmoción inicial, ellos entendieron lo fiel que Dios es y lo confiable que es su promesa de pacto para aquellos que creen.

Quién sabe qué peligros realmente estaban al acecho debajo de las aguas de aquellas remotas cataratas en la selva. Los habitantes locales ciertamente sabían lo suficiente como para no nadar allí. Cuando pienso en situaciones como esta que nuestros estudiantes universitarios vivieron en sus viajes al extranjero, me regocijo en saber que la protección de Dios nos sigue no sólo en lo conocido sino también en lo desconocido. Al igual que el ignorante entusiasmo de nuestro grupo universitario en la selva, a veces es tentador quedar atrapado en el momento e ir por delante de nuestro guía, el Espíritu Santo de Dios. Afortunadamente, Dios es fiel para ofrecernos su pacto de protección del Salmo 91 aun cuando puede que sobrepasemos nuestros límites un poco. Algunas veces, instantáneamente, sabemos exactamente de lo que Dios nos ha librado; otras veces, lo descubrimos mucho después, al igual que este equipo cuando entendieron que habían estado nadando en una laguna infestada de cocodrilos en la selva. Y habrá otras veces en que no lo descubriremos hasta que lleguemos al cielo. Qué importante es saber, sin duda alguna, que nuestro pacto de protección del Salmo 91 es absolutamente verdadero y confiable, y puede librarnos sin importar lo que podamos afrontar.

Recuerde que la liberación lo abarca todo. Se produce dentro (interno) y fuera (externo); de hecho, nos rodea.

> Tú eres mi refugio; me guardarás de la angustia;
> Con cánticos de liberación me rodearás.
> —Salmo 32:7

Angelia ha estado ministrando en la cárcel juvenil local desde que tenía diecisiete años y ha experimentado el poder liberador de Dios en muchas ocasiones.

Cuando comenzó por primera vez a ministrar en la cárcel juvenil de varones, la coordinadora voluntaria le dijo a Angelia que temía que con su actitud casual, ¡iba a ser apuñalada y arruinar el programa! Angelia se rió en ese momento y siguió experimentando años de protección. Sin embargo, años después, mientras salía del aparcamiento y se dirigía hacia la entrada del centro penitenciario, iba pensando en la lección del lunes en la noche, esperando que los muchachos no estuvieran distraídos y orando para que el mensaje diera fruto. Pensar en su seguridad nunca había sido una prioridad, y esa noche era, sin duda alguna, lo último que había en su mente.

Pero, en ese momento oyó claramente a Dios decir: "Confía en mí para tu protección".

La respuesta de ella fue: "¡Confío!". El incidente, sin embargo, le sorprendió y le sacó de suponer de modo inconsciente que ella era inmune al peligro, no porque conscientemente se aferrase a las promesas de la Palabra de Dios, sino porque habían pasado muchos años sin ningún peligro personal. Ella se dio cuenta de que había pasado a avanzar sin esfuerzo en lugar de confiar. Inmediatamente recordó lo fácil que es, con el tiempo, sustituir un concepto pasivo de estar a prueba de balas en lugar de confiar verdaderamente en la protección de Dios. Ella sintió que ese pequeño incidente fue una llamada de atención espiritual, así que comenzó a citar los versículos de la Biblia sobre seguridad y protección antes de entrar a la cárcel.

Unas tres semanas después, ¡los miembros del personal le dijeron que algunos de los muchachos de su pabellón estaban planeando secuestrarla y utilizarla como rehén para escapar! Ese intento quedó frustrado y más adelante ella oyó que los culpables habían sido encerrados en celdas de seguridad. Agradecida por el recordatorio para comenzar a edificar su fe, supo que el peligro había pasado.

Dios utilizó aquello para hacerle comprender que había dejado de mezclar la fe con el poder liberador de Dios y que no hay lugar para ese tipo de complacencia en nuestro caminar con Dios. Existe una vasta diferencia entre conocer las promesas y aplicar las promesas.

Dios nos recuerda constantemente que una de sus siete promesas extra—si confiamos en Él—¡es que *Él nos libertará!*

Capítulo

ESTOY SENTADO EN LO ALTO

Por cuanto en mí ha puesto su amor...
Le pondré en alto, por cuanto ha conocido mi
nombre.

—SALMO 91:14

ESTAR SEGURAMENTE EN *ALTO* es la segunda promesa para quienes aman al Señor y lo conocen de nombre. Dios dice: "Es mi nombre el que ha estado en sus labios cuando afronta problemas, y ha acudido a mí. Ha clamado a mí en fe; por tanto, lo pondré en alto".

...la cual operó en Cristo, resucitándole de los muertos y sentándole a su diestra en los lugares celestiales, sobre todo principado y autoridad y poder y señorío, y sobre todo nombre que se nombra, no sólo en este siglo, sino también en el venidero...y juntamente con él nos resucitó, y asimismo nos hizo sentar en los lugares celestiales con Cristo Jesús.

—Efesios 1:20–21; 2:6

¡Es interesante que Dios nos lleve donde Él está! Las cosas se ven mejor desde arriba. Nuestro punto panorámico mejora mucho más, sentados con Él en lo alto.

Hebreos 8:11 cita a Jeremías hablando del nuevo pacto venidero y comparándolo con el Antiguo Testamento, diciendo en efecto: "Y ninguno enseñará a su prójimo, ni ninguno a su hermano, diciendo: Conoce al Señor". La mayoría de personas bajo el Antiguo Testamento, según Jeremías, *sólo* tenían conocimiento sobre Dios; sólo tenían *familiaridad* con Él. Sin embargo, el escritor utiliza una palabra diferente, *conocer*, en el mismo versículo para describir nuestro conocimiento de Dios bajo el nuevo pacto.

Según la *Concordancia Strong's*, la segunda vez que la palabra conocer se utiliza en Hebreos 8:11 significa "mirar fijamente, discernir con claridad, experimentar o mirar con ojos muy abiertos como si se estuviera viendo algo notable". Cuando Dios se refiere a que le conocemos actualmente, se está refiriendo a algo mucho más personal que lo que la gente experimentaba durante el Antiguo Testamento.

Es muy importante entender que el nombre al que usted clama puede salvarle. Puede ponerle a salvo en alto. O puede utilizar usted el nombre y hablar maldad, lo cual no ayuda a su situación. No tiene sentido tener acceso al nombre que puede obrar milagros y liberar su vida y no utilizarlo de una manera que le proporcione misericordia. Muchas veces perdemos batallas espirituales con nuestra boca y nos abrimos a nosotros mismos para los asaltos. Una atmósfera de maldición abre la puerta para ser maldecido, sin embargo, clamar a Dios por ayuda proporciona ayuda.

Cuando usted obtiene una revelación del poder de ese nombre, no sólo hace que se refrene del mal, sino que también le da una reverencia por Él, al igual que usted respetaría el nombre de uno de sus mejores amigos. Le desafío a meditar en la promesa de Dios: "Le pondré en alto, por cuanto ha conocido mi nombre". No son solamente palabras vacías.

Esta promesa de estar sentado seguramente en alto es para aquel que experimenta a Dios íntimamente. Lea este versículo en primera persona: "Señor, tú has prometido que me pondrás en alto porque yo he conocido tu nombre de primera mano. He experimentado tus promesas del pacto descritas en tus diferentes nombres del pacto".

> Y en ningún otro hay salvación; porque no hay otro nombre bajo el cielo, dado a los hombres, en que podamos ser salvos [sanados, liberados, protegidos, sostenidos; según la *Concordancia Strong's*].
>
> —HECHOS 4:12

Solamente en las dos primeras frases del Salmo 91 el salmista se refiere a Dios con cuatro nombres diferentes, denotando progresivamente una relación más fuerte. El escritor se refiere a Dios como el *Altísimo*, revelando que Él es lo más alto que existe. Esto implica mucha más importancia cuando entendemos que estamos seguros en lo alto con Aquel que es el Altísimo. Desde lo alto tenemos una mejor vista panorámica y una mejor perspectiva. En este comienzo del Salmo 91, también se llama a Dios el *Todopoderoso*, denotando que Él es "todo" poderoso: el más poderoso. Después se refiere a Él como el *Señor*, revelando posesión. Entonces el salmista lo llama *mi Dios*, haciéndolo personal. Vemos a Dios desvelado en cuatro maneras únicas para el hombre que ha conocido su nombre.

El versículo 14 introduce dos condiciones y dos promesas que vuelven al comienzo del salmo—porque me ha amado y porque ha conocido mi nombre—, cada una introducida por la palabra *porque* para captar nuestra atención. Entonces Él responde con dos promesas de liberación y de posición. Nos encanta el hecho de que Dios fielmente cumpla sus promesas, ¿pero hemos cumplido nosotros las nuestras?

Pablo no fue el único escritor que habló de que estamos sentados en lo alto. El Salmo 91 también ha hecho de eso una promesa para nosotros. Cuando Dios le sienta en lo alto, usted tiene una nueva perspectiva y un anhelo de cumplir con su responsabilidad hacia el Señor.

¿Me hace la posición a la que Dios me ha elevado ver las cosas más a la manera de Él? ¿Soy descuidado y olvidadizo hacia Dios, o soy más obediente a Él cada día? ¿Tengo un buen seguimiento debido a mi posición en Cristo, u olvido todo lo que Él ha hecho por mí? ¿Refleja la posición que Él me ha dado que estoy sentado en lo alto?

DIOS RESPONDE A MI LLAMADO

Me invocará, y yo le responderé.

—Salmo 91:15

IOS HACE UNA TERCERA promesa aquí en el versículo 15 de que Él *responderá* a quienes verdaderamente le aman y claman a su nombre. ¿Somos conscientes de la maravillosa promesa que Dios nos está haciendo aquí?

> Y esta es la confianza que tenemos en él, que si pedimos alguna cosa conforme a su voluntad, él nos oye. Y si sabemos que él nos oye en cualquiera cosa que pidamos, sabemos que tenemos las peticiones que le hayamos hecho.
>
> —1 Juan 5:14–15

Nada me da más consuelo que entender que cada vez que oro en armonía con la Palabra de Dios, Él me oye. Y si Él me oye, sé que tengo la petición que haya hecho. Esta promesa me hace continuamente buscar en su Palabra a fin de entender su voluntad y sus promesas, para poder saber cómo orar con mayor eficacia. A veces, sólo clamo a Dios pidiendo ayuda.

Durante una de nuestras inundaciones hace varios años, nuestro hijo de veinte años, Bill, tenía una manada de cabras en un terreno al lado de los pantanos. A medida que el agua del pantano comenzó a subir y a inundar sus riberas, algunos hombres vieron las cabras de Bill siendo rebasadas por la inundación y alzadas al pajar de un granero para evitar que se ahogaran. A la mañana siguiente, el agua era como un río en torrente—de una milla de anchura—, que se llevaba árboles desarraigados y todo lo que encontraba en su camino. A Bill ya le habían hablado de sus cabras, y a pesar de las barricadas y los rápidos, él partió en un viejo bote de metal cruzando aquellas aguas rápidas para rescatar a su pequeña manada de cabras. Sabía que en unas horas más, morirían de sed y de asfixia.

De toda la manada, el pequeño Willie era el más precioso debido al tiempo que Bill había pasado criándolo con biberón. El clamor de esa pequeña cabra fue lo primero que Bill oyó cuando se acercó al granero. Como se podría esperar, cuando Bill forzó la puerta para abrirla entre las aguas torrenciales, el pequeño Willie fue el primero en saltar a sus brazos. Entonces, poco a poco, cabra a cabra, Bill sacó a cada uno de aquellos animales del granero y se los llevó remando para ponerlos a salvo.

Un equipo de televisión de Abilene, mientras filmaba la inundación, divisó al joven cabrero arriesgando su vida para rescatar a sus cabras. Eso se convirtió en la noticia del día, saliendo en las noticias de las seis y otra vez a las diez. Esa es una historia conmovedora, pero cada vez que pienso en Bill rescatando a aquellas cabras que estaban en peligro, pienso en lo misericordioso que es Dios al respondernos cuando sinceramente *clamamos a Él* pidiendo ayuda.

Dios es fiel para cuidarnos utilizando todos los medios posibles, pero Él espera que nosotros estemos dispuestos a clamar a Él. Cuando clamamos, Dios es fiel para responder; y a veces, Él utiliza medios muy poco usuales. Mi suegra, Ruth, se hizo muy buena amiga de Rocky, un perro bóxer de tres años que pertenecía a sus vecinos. Ella y Rocky *charlaban* por encima de la valla que separaba sus patios. Siempre que abuela Ruth estaba fuera, Rocky parecía saberlo, aun si él estaba dentro, y ladraba hasta que alguien le dejaba salir. Una noche, poco después de anochecer, cuando la pareja abrió la puerta, Rocky no quería entrar a la casa, lo cual era muy poco normal. Cuando estuvo dentro, comenzó a gemir y a llorar, arañando la puerta. Cuando se negó a calmarse, sus dueños finalmente decidieron dejarlo salir, pero él seguía regresando y quejándose con más fuerza que nunca. No estuvo dispuesto a parar hasta que les hizo salir, donde ellos pudieron oír la llamada de mi suegra de ochenta y siete años pidiendo ayuda. Ella se había caído en su patio y no podía levantarse. Resultó ser una noche muy fría y Ruth podría no haber sobrevivido si se hubiera quedado en el patio mojado toda la noche.

Cuando ella oyó a los vecinos cerrar sus puertas y meter al perro en la casa, dijo que pensó en que esa era una horrible manera de terminar y comenzó a clamar al Señor pidiendo ayuda. Debido a que ella insistía en vivir sola, habíamos estado hablando con ella sobre recordar siempre clamar a Dios si alguna vez tenía problemas. Ella nos dijo que durante lo que le pareció una eternidad, constantemente clamaba: "Jesús, ¡ayúdame!". No cedió. Una y otra vez en la fría noche, ella clamó: "Jesús,

¡ayúdame!". Cuando los vecinos metieron a Rocky a la casa para pasar la noche, él no se calmaba, pero pasó un buen rato antes de que ellos finalmente abrieran la puerta trasera y él pudiera llamar su atención a Mama Ruth. Esta es una historia que celebra no a un perro héroe, sino el poder de cómo Dios oye cuando una persona clama a Él. No hay fin en las maneras y los medios que Dios usa para proporcionar protección para aquellos que confían en su Palabra y claman a Él. Esta es una verdad muy importante para individuos, familias y naciones.

En los primeros días de la Segunda Guerra Mundial, unos soldados ingleses estaban atrapados en Dunkirk, con el ejército alemán detrás de ellos y el Canal Inglés delante de ellos. El primer ministro alertó a la nación de que no más de veinte o treinta mil de los doscientos mil soldados británicos podrían posiblemente ser rescatados de aquellas playas abiertas. Pero nadie pudo haber calculado el poder de una nación en oración. Las iglesias de Inglaterra estaban llenas…el rey y la reina se arrodillaron en Westminster Abby…el arzobispo de Canterbury…el primer ministro…el gabinete…la buena Wilhelmina…y todo el Parlamento estaban de rodillas.

De repente, uno de los generales nazis decidió reagrupar y ordenó un alto de las tropas alemanas cuando estaban sólo a doce millas de Dunkirk; Hitler entonces tomó una imprudente decisión de mantenerlos allí indefinidamente. El clima de repente demostró ser un gran obstáculo para los planes del enemigo de abrir fuego sobre los ingleses, que parecían estar atrapados como ratones en esa costa francesa. ¿Cómo podían tantos hombres ser rescatados?

El vicealmirante Bertram Ramsay, con sede en los túneles reforzados debajo del castillo de Dover, fue puesto a cargo de evacuar a las tropas. Después del primer día, menos de ocho mil tropas habían sido rescatadas y los cálculos más optimistas decían que un total de cuarenta y cinco mil podrían escapar antes de que los alemanes tomasen las playas. Desesperado, Ramsay hizo una llamada pública pidiendo ayuda: se pidió a todo el que tuviera una barca—cualquier tipo de barca—que ayudase a rescatar a las tropas. Al instante, todo bote imaginable que flotase, todo desde botes privados pilotados por cajeros bancarios, pescadores, Boy Scouts, profesores y capitanes de remolcadores, comenzaron su misión de rescate. Hasta la brigada de bomberos de Londres se unieron a la acción. Rápidamente se prepararon astilleros para reparar los botes dañados para que pudieran regresar a llevar más hombres. Cualquiera habría dicho que la empresa era absurda, pero las *oraciones de una nación* fortalecieron a la gente en uno de los esfuerzos más peligrosos, y aparentemente imposibles, de toda la historia.

En las barcas que los llevaban a puerto seguro, los hombres comenzaron a orar, muchos nunca antes habían orado. En los campamentos en Inglaterra, los hombres pidieron permiso para orar. Se hizo obvio para toda Gran Bretaña que sus oraciones estaban siendo oídas. En la mañana del 29 de mayo, los oficiales calcularon que 2,000 tropas por hora estaban siendo evacuadas. Nueve días después de que comenzara el rescate, un total de 338,226 personas —incluyendo unas 95,000 tropas francesas— habían sido rescatadas.[1]

No sólo la nación de Inglaterra estaba orando, sino que también se convocaron oraciones colectivas en todo el mundo. El presidente Franklin Roosevelt hizo pública una proclamación para orar y una nación respondió. El general Patton emitió un llamado a la oración en el campo de batalla y los capellanes y los soldados respondieron. ¡Qué tremendos testimonios del poder de la oración gracias al esfuerzo conjunto de las masas! Cuando pensamos en el poder de la oración individual, no olvidemos el registro histórico de lo que sucede por el poder de la oración colectiva: fortalece la oración del individuo. Cuando los soldados claman a Dios, Él responde. Cuando las naciones claman a Dios, la historia lo registra.

DIOS ME RESCATA DE LA ANGUSTIA

Con él estaré yo en la angustia;
Lo libraré…

—S<small>ALMO</small> 91:15

L<small>A CUARTA PROMESA</small>—*RESCATAR DE la angustia* a quienes aman al Señor—se encuentra en medio del versículo 15. Es un hecho conocido que la naturaleza humana clama a Dios cuando se enfrenta a los problemas. Hombres en la cárcel, soldados en la guerra, personas en accidentes: todos parecen clamar a Dios cuando están en una crisis. Hasta los ateos se sabe que claman *al Dios que no reconocen* cuando tienen mucho miedo. Se ha criticado mucho ese tipo de *oraciones de último recurso.* Sin embargo, en defensa de este tipo de oración, debemos recordar que cuando uno tiene dolor, normalmente acude a quien más quiere y a quien confía. La alternativa es no clamar en absoluto, así que este versículo reconoce que clamar a Dios en los problemas es un buen lugar para que una persona comience.

Dios responde nuestras oraciones y nos rescata de maneras muy distintas. Estoy muy agradecida de que Él sea creativo y no esté obstaculizado por nuestras situaciones aparentemente imposibles. Pero tenemos que pedir en fe y no limitarlo a Él a nuestros recursos limitados. Dios dice: "Si me amas, estaré contigo cuando te encuentre en problemas, y te rescataré". Pero tenemos que confiar en que Él lo hará a *su* manera.

> Cuando pases por las aguas, yo estaré contigo; y si por los ríos, no te anegarán. Cuando pases por el fuego, no te quemarás, ni la llama arderá en ti.
>
> —Isaías 43:2

Nuestro hijo, Bill, una vez vio el poder *rescatador* de Dios cuando se encontró en graves *problemas* después de intentar cruzar a nado un lago que era mucho más ancho de lo que él había calculado. Sin que le quedara fuerza en su cuerpo, y habiéndose hundido ya dos veces, Bill experimentó todas las sensaciones del ahogo. Pero milagrosamente, Dios no sólo hizo que hubiera una mujer en la orilla contraria, que había estado desierta, sino que también la capacitó para lanzarle un salva-vidas (que justamente *resultó* que estaba cerca) desde unos 27 metros, cayendo a centímetros de su cuerpo casi inerte. Aunque algunas personas podrían llamar coincidencias a ocurrencias como esas, las situaciones negativas con que nos encontramos pueden convertirse en *incidencias de Dios* cuando confiamos en su Palabra. Ese fue ciertamente el *día de angustia* de Bill, pero doy gracias a Dios porque Él estaba con Bill y lo *rescató*.

Capítulo

DIOS ME HONRA

Le glorificaré.

—Salmo 91:15

L A QUINTA PROMESA—*HONRAR* A quienes aman a Dios— está en la última parte del versículo 15. A todos nos gusta ser honrados. Puedo recordar cuando la maestra dijo mi nombre mientras yo estaba en la primaria y elogió mi esfuerzo en un trabajo que le había entregado. Eso me emocionó. Fui honrada.

Hace varios años, nuestra hija Angelia asistió a una concentración política en nuestra ciudad que se hizo a favor de George W. Bush cuando él estaba haciendo campaña para gobernador de Texas. Ella había compartido una rápida anécdota con él al comienzo de la reunión, cuando se encontraron por primera vez. Después de que él hubiera hablado al grupo y se estuviera yendo con algunos de sus colegas, todos se quedaron asombrados cuando él se apartó de su grupo y se acercó a nuestra hija para decirle: "Recuerda la promesa que hice: no más lágrimas para ti en noviembre". (Ella le había dicho que no podría refrenar las lágrimas si él perdía las elecciones). A ella le honró que él no sólo la recordase, sino que también recordase su conversación.

Cuando se escribió este libro, el esposo de nuestra nieta, Heath Adams, era sargento de personal en las Fuerzas Aéreas de Estados Unidos. Recientemente había terminado el curso de liderazgo para pilotos y fue situado en Great Falls, Montana. Todos estábamos emocionados cuando recibió el Premio John Levitow, el mayor galardón otorgado en el banquete del curso de liderazgo. No sólo fue un honor para él, sino que también fue un honor para todo su escuadrón. Después él fue una de las ocho personas escogidas de entre cuatro mil quinientas fuerzas de seguridad para representar al Comando Espacio en la competición Defender Challenge, donde su equipo ganó medallas de plata en la carrera de obstáculos y eventos tácticos, situándose en segunda posición general.

Heath también fue un graduado distinguido del curso Security Force Level II Combat Leaders. Ganó el Premio Air Force SF Noncommissioned Officer Award de la vigésima Fuerza Aérea y tuvo el honor de dar instrucciones de guerra al secretario de la Fuerza Aérea, las primeras instrucciones que el secretario había oído. El comandante coordinó una ceremonia sorpresa para dar a Heath su ascenso y organizó en secreto que nuestra nieta, Jolena, estuviera allí. No sólo se destacó su servicio militar, sino que también su carácter como hombre de familia, pastor de jóvenes, y, en definitiva, un fiel seguidor de Cristo, evidenciado en su actividad con una iglesia local, se comunicó al grupo. La ceremonia honró a Heath delante de todos sus iguales.

Los hombres tienen muchos tipos de costumbres para honrar a otros hombres, desde ceremonias y discursos hasta medallas de distinción. Yo he sentido la mayor admiración por cada militar al que he entrevistado mientras me mostraban sus Purple Heart y sus Medallas de Honor. Esos son símbolos de los honores que se les han otorgado a esos receptores.

No sólo es un honor, sino que también se siente bien el que alguien a quien consideramos importante nos preste atención especial. Sin embargo, aunque es una emoción única ser honrado por el hombre, *¿cuánto más tributo y emoción experimentamos cuando Dios nos honra?* Cumplir con nuestra parte del pacto permite a Dios honrarnos.

¿Ha pensado alguna vez en lo que significa ser honrado por el Dios del universo? Él nos honra llamándonos sus hijos e hijas. Él nos honra respondiendo cuando tomamos su Palabra en serio y clamamos a Él con fe. Él nos honra reconociéndonos individualmente y al preparar un lugar para nosotros para que estemos con Él eternamente. *Darnos honra* es una de las siete promesas únicas y extra que Dios nos hizo en el Salmo 91.

Capítulo

DIOS ME SATISFACE CON UNA LARGA VIDA

Lo saciaré de larga vida.

—Salmo 91:16

L A SEXTA PROMESA DE los versículos finales del Salmo 91 se encuentra en el versículo 16. Dios no sólo dice que Él prolongará nuestra vida y nos dará muchos cumpleaños. ¡No! Él dice que nos *saciará* de larga vida. Hay personas que testificarían de que simplemente celebrar muchos cumpleaños no es necesariamente una bendición. Pero Dios dice que Él nos dará muchos cumpleaños y a medida que lleguen esos cumpleaños, experimentaremos satisfacción.

Se ha dicho que hay un *vacío con forma de Dios* dentro de cada uno de nosotros. El hombre ha intentado llenar ese vacío con muchas cosas diferentes, pero nada satisfará el vacío hasta que sea lleno con Jesús. Él es la verdadera satisfacción a la cual Dios se refiere en su promesa.

Dios está haciendo la oferta. Si acudimos a Él, dejamos que Él llene el lugar vacío en el interior y le permitimos que nos ayude a cumplir el llamado que hay en nuestra vida, entonces nos dará una *larga vida* y nos *satisfará* mientras la vivimos. Solamente la persona insatisfecha puede apreciar realmente lo que significa encontrar satisfacción.

Es un hecho que Dios quiere que vivamos una vida satisfactoria, pero no pasemos por alto la promesa de una larga vida. El rey David fue el guerrero más valiente y atrevido de Israel, sin embargo, vivió una buena vejez: *lleno de días*, como a los autores del Antiguo Testamento les gustaba decir. Su vida estuvo llena de combate, situaciones de alto riesgo y pronósticos imposibles, sin embargo, él no murió en batalla, sino que su cabeza quedó en paz en su vejez. Una larga vida es una estupenda promesa final de protección.

Pablo nos hace saber en Efesios que estamos en un combate. No podemos seguir la corriente de lo que se siente bien y ganar esta batalla, porque el enemigo hará que el camino erróneo sea muy fácil de tomar.

Una vez, en una barca en el mar de Galilea, los discípulos clamaron, teniendo temor a ahogarse en la tormenta. Jesús, sin embargo, había dicho que debían pasar al otro lado. Si ellos hubieran pensado bien lo que Él había dicho, habrían sabido que la tormenta no les haría daño porque tenían la palabra de Él con respecto a una misión al otro lado del lago. De la misma manera, si se le ha prometido a usted una vida larga y satisfactoria, entonces usted sabe que atravesará las actuales circunstancias.

John Evans, un predicador galés, relató un incidente que le sucedió a un amigo durante la Guerra Civil poco después de haber recibido una comisión del capitán. Aunque muchos de los hombres en el ejército tenían poca consideración por la religión, estaba de moda que cada soldado llevase una Biblia.

Mientras seguía órdenes de quemar un fuerte, el capitán y sus hombres estaban bajo un pesado fuego del enemigo. Cuando el conflicto terminó, él descubrió que una bala de mosquete se había incrustado en su Biblia, la cual llevaba en su bolsillo. Si no hubiera sido por esa intervención, seguramente él habría muerto. Investigando más sobre el incidente, él entonces descubrió que la bala había llegado a detenerse en el versículo de Eclesiastés 11:9: "Alégrate, joven, en tu juventud…y anda en los caminos de tu corazón…pero sabe, que sobre todas estas cosas te juzgará Dios". Este mensaje causó una profunda impresión en su mente, al igual que el modo en que fue dado. Como hombre no religioso, entendió que la Biblia literalmente había hecho algo más que sólo intentar salvar su alma. Como resultado, él dirigió inmediatamente su corazón hacia Dios y continuó siendo devoto en su caminar cristiano hasta una buena vejez. Él con frecuencia testificaba de cómo la Biblia aquel día se convirtió en la salvación de su cuerpo al igual que de su alma.[1]

Dios no estaba interesado sólo en proteger la vida de ese hombre y alargarla; Él estaba más interesado en la fiel obediencia de él a medida que vivía esa vida. De la misma manera, Dios quiere que reclamemos la promesa de una larga vida, pero también quiere que utilicemos nuestra larga vida viviendo para Él. Hágase la pregunta: "¿Qué *voy a* hacer con mi larga vida?".

Capítulo

CONTEMPLO SU SALVACIÓN

Y le mostraré mi salvación.

—Salmo 91:16

Permitir que quienes le aman *vean* su *salvación* es la séptima promesa en el Salmo 91, que se encuentra en la última parte del versículo 16. Dios quiere que nos apropiemos de su salvación.

El movimiento de esta última línea del Salmo 91 describe nuestra victoria definitiva y final. El orden de esta frase nos da la promesa de que veremos la salvación cara a cara *durante* y *después* de nuestra *larga y satisfactoria vida*. Esto nos lleva por encima de un conocimiento intelectual de la salvación hasta una relación. Asegura nuestro futuro, pero comienza ahora. Jesús constantemente nos recordaba: "¡La salvación es ahora! ¡Hoy ha llegado!". Muchas personas se sorprenden cuando buscan la palabra *salvación* en una concordancia de la Biblia y encuentran que tiene un significado mucho más profundo que sólo un boleto al cielo. Con frecuencia pasamos por alto la riqueza de esta promesa.

Según la *Concordancia Strong's*, la palabra *salvación* incluye salud, sanidad, rescate, liberación, seguridad, protección y provisión. ¿Qué más podríamos pedir? ¡Dios promete que Él nos permitirá ver y *apropiarnos* de su salud, su sanidad, su liberación, su protección y su provisión!

Muchas personas leen el Salmo 91 y simplemente lo ven con sus ojos, pero muy pocas lo *contemplan* en sus vidas. Mi oración es que eso cambie. Una de mis mayores emociones llega cuando las personas me escriben o llaman después que he enseñado esta verdad y me describen la alegría exuberante de que se haga real en su corazón. Me encanta oír hasta que punto ellos realmente se *han apropiado* de este pacto y han comenzado a experimentarlo como una parte vital de su existencia.

Puede usted estar en medio de una situación en la que el enemigo esté por todas partes y aun así seguir contemplando la salvación del Señor. Muchos han experimentado realmente la sensación de la presencia del Señor en medio del caos. En los testimonios que siguen en la siguiente parte de este libro, su corazón será alentado por quienes han contemplado de primera mano la salvación del Señor. Lea sus historias en sus propias palabras. La verdad sobre la salvación de Dios—su protección, liberación, salud y provisión—es algo más que sólo ilusiones. Es una *promesa* de la que uno puede realmente *apropiarse*.

RESUMEN

NADA EN ESTE MUNDO es más confiable que las promesas de Dios, cuando las creemos, nos negamos a dudar, y hacemos de su Palabra *nuestra autoridad final* para cada área de la vida.

Hay, sin embargo, algo único en este salmo. Se pueden encontrar promesas de protección en toda la Biblia, pero el Salmo 91 es el único lugar en la Palabra donde todas las promesas de protección están reunidas en una colección, formando un pacto escrito por medio del Espíritu Santo. ¡Qué poderoso es eso!

Yo creo que el Salmo 91 es un pacto: un contrato espiritual que Dios ha puesto a disposición de sus hijos. Se necesita con desesperación en estos tiempos difíciles. Hay algunos que sinceramente preguntan: "¿Cómo sabe que puede tomar un *canto* de los salmos y basar su vida en él?". Jesús respondió esa pregunta. El valor de los salmos fue enfatizado cuando Él los citó como una fuente de verdad que debe cumplirse:

> Y les dijo: Estas son las palabras que os hablé, estando aún con vosotros: que era necesario que se cumpliese todo lo que está escrito de mí en la ley de Moisés, en los profetas *y en los salmos*.
>
> —LUCAS 24:44, ÉNFASIS DE LA AUTORA

Cuando Jesús específicamente iguala los Salmos con la Ley de Moisés y los Profetas, vemos que es históricamente relevante, proféticamente sano y totalmente aplicable y confiable.

En una época en que hay tantas incertidumbres por delante, es más que consolador entender que Dios no sólo sabe de antemano a lo que nos enfrentaremos, sino que también hace una total provisión para nosotros.

Alguien señaló una vez: "Es interesante que el mundo haya obtenido su número de emergencias 911 de la respuesta de Dios a nuestra llamada de emergencia: el Salmo 91:1".

Parece solamente un sueño ahora pensar en la época en que mi mente se tambaleaba con temores y dudas. Yo no tenía ni idea cuando le hice a Dios esa pertinente pregunta—"¿Hay alguna manera en que un cristiano escape de todos los males que vienen a este mundo?"—que Él iba a darme un sueño que no sólo cambiaría mi vida, sino que también cambiaría las vidas de miles de personas que oigan y crean.

¿QUÉ DEBO HACER PARA SER SALVO?

HEMOS HABLADO SOBRE PROTECCIÓN física. Ahora asegurémonos de que usted tiene protección eterna. Las promesas de Dios en este libro son para los hijos de Dios que le aman. Si usted nunca ha entregado su vida a Jesús y le ha aceptado como su Señor y Salvador, no hay mejor momento para hacerlo que ahora.

> No hay justo, ni aun uno.
>
> —ROMANOS 3:10

> Por cuanto todos pecaron, y están destituidos de la gloria de Dios.
>
> —ROMANOS 3:23

> Mas Dios muestra su amor para con nosotros, en que siendo aún pecadores, Cristo murió por nosotros.
>
> —ROMANOS 5:8

> Porque de tal manera amó Dios al mundo, que ha dado a su Hijo unigénito, para que todo aquel que en él cree, no se pierda, mas tenga vida eterna.
>
> —JUAN 3:16

No hay nada que podamos hacer para ganar nuestra salvación o para hacernos lo bastante buenos como para ir al cielo. ¡Es un don gratuito!

Porque la paga del pecado es muerte, mas la *dádiva* de Dios es vida eterna en Cristo Jesús Señor nuestro.

—ROMANOS 6:23, ÉNFASIS DE LA AUTORA

Tampoco hay ningún otro camino mediante el cual podamos llegar al cielo sino por Jesucristo, el Hijo de Dios.

Y en ningún otro hay salvación; porque no hay otro nombre bajo el cielo, dado a los hombres, en que podamos ser salvos.

—HECHOS 4:12

Jesús le dijo: Yo soy el camino, y la verdad, y la vida; nadie viene al Padre, sino por mí.

—JUAN 14:6

Debe creer que Jesús es el Hijo de Dios, que Él murió en la cruz por los pecados de usted, y que resucitó al tercer día.

…que fue declarado [Jesús] Hijo de Dios con poder, según el Espíritu de santidad, por la resurrección de entre los muertos.

—ROMANOS 1:4

Puede que esté pensando: "¿Cómo acepto a Jesús y me convierto en su hijo?". Dios en su amor ha hecho que eso sea fácil.

Que si confesares con tu boca que Jesús es el Señor, y creyeres en tu corazón que Dios le levantó de los muertos, serás salvo.

—ROMANOS 10:9

Mas a todos los que le recibieron, a los que creen en su nombre, les dio potestad de ser hechos hijos de Dios.

—JUAN 1:12

Es tan sencillo como hacer una oración similar a la siguiente, si usted sinceramente la dice de verdad en su corazón:

Querido Dios:

Creo que tú entregaste a tu Hijo, Jesús, para morir por mí. Creo que Él derramó su sangre para pagar por mis pecados y que tú lo resucitaste de la muerte para que yo pueda ser tu hijo y vivir contigo eternamente en el cielo. Te pido, Jesús, que entres en mi corazón en este momento y me salves. Le confieso a Él como el Señor y Dueño de mi vida.

Te doy gracias, querido Señor, por amarme lo bastante como para entregar tu vida por mí. Toma mi vida ahora y úsala para tu gloria. Te pido todo lo que has prometido para mí.

En el nombre de Jesús, amén.

HISTORIAS QUE DEMANDAN SER CONTADAS:

TESTIMONIOS DEL SALMO 91

MICHELE HARGROVE

Vivo en Houston, Texas, y soy madre de tres hijos. Una amiga mía me regaló su libro en mi clase de estudio bíblico y todos los leímos y a todos nos encantó. Para tenerlo siempre a mano, lo había descargado en una aplicación de mi iPhone. Mientras estaba de vacaciones esquiando, decidí usar los ratos que iba en los teleféricos para usar mi teléfono y repasar los versículos. Entonces, cuando estaba en las cuestas, intentaba orarlo en voz alta para ayudarme a memorizarlo.

Ross con sus hermanas Emily y Kara

Nuestros niños son un poco más mayores (diecinueve, quince y doce años), así que querían esquiar sin nosotros. Fue en el sexto día cuando miré por casualidad una pendiente y vi a los tres subiendo en un teleférico. Les hicimos una seña y todos nos reunimos en la cima. Tras estar un rato juntos, planeamos reunirnos más adelante para comer y todos nos lanzamos montaña abajo (mi esposo y yo juntos y los chicos juntos). Aproximadamente a la mitad de la montaña, me encontré a mi marido a mitad de la cuesta, gritando y había todo tipo de conmociones. Mi hijo yacía desplomado junto al tronco de un árbol.

Ross poco después del accidente.

Fue arrollado por un hombre muy corpulento (por lo menos de 100 kilos) que bajaba a toda velocidad por la montaña y chocó con mi hijo. Ross es un niño no muy grande para su edad. ¡Pesa unos 38 kilos cuando está mojado! Mi esposo vio el impacto y cómo el hombre chocaba con él, cómo *volaba* por los aires, ¡y cómo se golpeaba contra un árbol! El hombre estaba de pie cuando yo llegué, pero sólo segundos más tarde se quedó inconsciente. Si nunca ha esquiado, la velocidad que puede alcanzar deslizándose por una montaña a toda velocidad puede hacer mucho daño. Cuando mi esposo y yo llegamos donde estaba nuestro hijo, él intentó sentarse, y su brazo lo tenía colgando en una posición muy poco natural. Cuando llegaron los paramédicos, me retiré un poco y tomé a mis dos hijas de las manos y oramos el Salmo 91 en voz alta sobre Ross. Tras subirlo a un trineo, pude montarme en el vehículo de nieve que le arrastraba montaña abajo.

Un socorrista consuela a Ross mientras lo preparan para bajarlo de la montaña.

Oré este salmo continuamente, una y otra vez, mientras nos dirigíamos hacia la ambulancia. No sólo me preocupaba su brazo, sino también me preocupaban las heridas en el cuello y la cabeza. Nos llevaron a toda velocidad al hospital, y tras los rayos X y el escáner TAC nos dijeron su condición: ni un sólo hueso roto, ¡no tenía nada! Lo dejaron ir y aunque estaba dolorido y un poco magullado, estaba bien. Mi esposo y yo insistimos en que le hicieran más pruebas en su brazo, porque los dos lo habíamos visto colgando y sabíamos que tenía que estar roto. Pero Dios respondió nuestra oración, ¡y lo sanó completamente! Creo que fue un milagro que les viéramos en esa gigantesca montaña con cientos de teleféricos. Fue una bendición que estuviéramos allí con ellos y pudiéramos ayudarles a lidiar con esa horrible experiencia. Fue un milagro que mi hijito saliera ileso cuando ese gran hombre terminó con muchos problemas y una larga estancia en el hospital.

Muchas gracias por escribir este libro. ¡Quién sabe lo que hubiera ocurrido si yo nunca hubiera leído este poderoso Salmo 91! Mi hijo tiene sólo doce años, pero posee un testimonio poderoso que ahora puede usar para ayudar a la gente a entender el amor de Dios, el poder de la oración y la promesa del pacto de Dios. ¡Dios es muy bueno!

LOUISETTE BIRON

Este es mi testimonio de la bondad de Dios. Decidí hacer limpieza en nuestro vestidor. Para llegar a las estanterías de arriba, tenía que estirarme mucho por encima de mi cabeza y mi mano accidentalmente tiró unas pistolas que yo no sabía que estaban cargadas. Una de las pistolas cayó al piso y el golpe hizo que se disparase. Yo me sobresalté mucho y no podía encontrar dónde había impactado la bala. Se lo dije a mi hijo y él también se sorprendió de que la bala no estuviera. Cuando se fue a trabajar, seguí quitando todo lo que había en la estantería de arriba. Mientras lo hacía, descubrí que la bala se fue detrás de una torre de sombreros. Después, unas horas más tarde, descubrí, para mi propia sorpresa, que la bala había atravesado la pierna izquierda de mi pantalón, atravesó dos paredes y terminó en el techo. Al darme cuenta de que la bala había pasado muy cerca de mi pierna al atravesar la pierna izquierda de mi pantalón sin tocar mi piel, me sentí muy afortunada. Dios me había salvado la vida y supe que fue por mi pacto de protección del Salmo 91. Me di cuenta de la facilidad con la que podía haber resultado herida o muerta si no hubiera sido por la protección de Dios. Sé que fue un milagro de Dios. He tenido el Salmo 91 colgando en la pared los últimos diecisiete años y creo firmemente en la protección de Él. Él me ama y me protege, y yo le doy la gloria. Leí su libro y me encantó.

Nota de la autora: Louisette Biron nació a cuarenta kilómetros de Quebec City, Quebec, Canadá, en 1943. Se casó con su marido John, un empresario exitoso, en 1967. Se mudaron permanentemente a los Estados Unidos en 1976, donde evan dueños de una exitosa lavandería, la cual vendieron después. Se hicieron ciudadanos americanos en 2006.

Lugar donde se alojó la bala luego que traspasó su pantalón

Louisette nació de nuevo en mayo de 1992 y fue liberada de la adicción al tabaco cinco meses después. Tras intentarlo durante siete años contra todo pronóstico, John y Louisette tuvieron un niño milagrosamente: Nelson. Dos años después de vender su empresa, Louisette encontró un trabajo en una tienda de comida sana, donde compartía su fe en Jesús con alegría hasta que la tienda cerró en 2008. Su esposo se fue al cielo en 2009 y ella actualmente reside en Clermont, Florida.

PEYTON ADAMS Y SU MAMÁ JOLENA

Como una ocupada mamá de tres hijos, a menudo voy a algún lugar con prisa. Ese día en concreto salía apresuradamente por la puerta para tomar unas fotos para una amiga.

Mi esposo estaba en el garaje con la puerta del garaje abierta. Él y su amigo Matt estaban hablando y viendo cosas de amigos. Habían llegado a casa durante el descanso de una conferencia de hombres en una iglesia y sólo tenían una hora para hablar antes de tener que regresar. Tras reunir todo lo que necesitaban para realizar tiro al plato en uno de los eventos, estaban en sus planes para esa parte emocionante de la conferencia del fin de semana.

Yo les había dicho a nuestros hijos, de siete, cinco y tres años de edad, que se quedaran jugando dentro de la casa, y que yo regresaría enseguida; si necesitaban algo, papá estaba en el garaje. Así que me monté en el auto, puse la marcha atrás y de repente me acordé que había olvidado la dirección donde debía ir a tomar las fotos (la casa de una amiga). Volví a entrar en casa corriendo, revolví una bolsa, encontré la dirección y salí de nuevo.

No vi a ninguno de mis hijos, pero oí el ruido que hacían al jugar, así que dije adiós gritando una vez más, eché un vistazo rápido a mi reloj y me apresuré de nuevo a mi vehículo. Antes de dar marcha atrás, abrí el papel con la dirección que había escrita y me quedé pensando sobre el lugar donde iba. Como vivimos en una base militar, me había tenido que aprender el plano de la ciudad cada vez que a mi esposo le cambiaban el destino durante los últimos diez años. Habiendo formulado un plano mental, puse la marcha atrás y comencé a avanzar. Apresurada por hacer el mejor uso de la hora que Heath me estaba dando, me desconecté del resto del mundo. Los niños ni siquiera sabrían que me había ido y estaría de regreso antes de que me extrañaran. Les había dicho que se quedaran dentro (y papá estaba allí por si le necesitaban). Los niños no podían armar mucho jaleo arriba antes de que yo regresara, pero me daría prisa por precaución.

Ese fue el preciso instante en que ocurrió el milagro: la ventana de mi auto estaba subida, mi mente enfocada en lo que tenía que hacer y había acallado cualquier tipo de ansiedad dentro de mí porque los había dejado sanos y salvos en el piso de arriba. Con esa tranquilidad, me apresuré a salir de la entrada con mi auto, pero quién me iba a decir que *un segundo* causaría la trágica y dolorosa diferencia en este mundo. Y esa es la diferencia que marca la Palabra.

De repente, oí a alguien gritar. ¿Quién había gritado? Frené de golpe y miré hacia arriba. El amigo de mi esposo, Matt, ¡me había gritado para que parase! Él y mi esposo estaban corriendo hacia mi auto, ¡gritando el nombre de Peyton! Salí de mi auto y, para mi horror, me di cuenta de que en medio de toda esta situación, mi hija había salido fuera corriendo, se subió en su bicicleta y la estaba conduciendo detrás de mi auto. Al dar marcha atrás, la tiré al suelo y, apoyada en su bici, estaba enganchada en el parachoques de mi auto.

Matt intentaba que yo oyera por encima del ruido del motor de mi auto mientras avanzaba hacia adelante. Se puede imaginar la agonía de nuestra niña de cinco años mientras se aferraba para salvar su vida al parachoques que la estaba empujando.

Nunca le vi detrás de mí. Aunque miré por encima de mi hombro en lugar de fiarme del espejo retrovisor, ella estaba muy por debajo de la ventana trasera y yo no podía verla. No es necesario decir que hay un gran ángulo muerto en una minivan. Ella se había subido a su bicicleta detrás de mi auto mientras yo miraba la dirección en ese papel. Cuando me detuve, era demasiado tarde: ella ya se encontraba tumbada bajo el parachoques de mi vehículo. En lo que fue cuestión de segundos, pero una angustia y eternidad indescriptibles para los padres, ni yo ni Heath ni Matt sabíamos qué esperar cuando corrimos a la parte trasera del vehículo. Ella estaba tirada en el suelo bajo la parte trasera de la mini van, con su cabeza en línea con la rueda trasera. La bicicleta estaba debajo de la rueda, totalmente aplastada y Peyton estaba debajo de su bicicleta caída. Un segundo más, y la vida según la conocíamos se habría terminado para siempre.

Su bicicleta estaba totalmente inservible. Mientras la levantaba del suelo, ¡me puse a orar y a revisarla rápidamente para ver si ella había sufrido algún daño!

Ella me miró con mucha calma *(la conductora a quien, segundos antes, no había visto detrás de la minivan colgando para salvar su vida mientras yo salía)*. Me dijo: "Estoy bien, mamá, no me he hecho daño, pero creo que voy a necesitar una bici nueva". Y verdaderamente, ¡no tenía ni un solo rasguño! La sostuve y le di gracias y alabanza a Dios. Yo no pude ver a mi hija, pero Dios lo ve todo, ¡y Él puso a alguien allí para verla y gritarme justo a tiempo! Dios tenía a Matt allí el día que le necesitamos.

Una evaluación inmediata de cómo se había dado esta situación nos hizo saber que Peyton había roto algunas reglas, (había salido cuando mamá le había dicho que se quedara dentro y se olvidó que yo le había dicho que nunca montara en su bicicleta alrededor de alguien que estuviera en un auto). Sin embargo, el único horror de Peyton era que su bici se había roto. Hasta el día de hoy (siempre que volvemos a contar la historia) Peyton sólo habla de la tragedia de lo mucho que se rompió su bici. Lo increíble es cómo la minivan aplastó la bicicleta dejándola inservible, tiró a la niña, dejándola debajo del vehículo, y sin embargo, ella salió sin un solo arañazo. Hay algunos *cómos* que aún no han sido respondidos, pero sé de cierto *quién* la protegió.

Heath y Jolene Adams con Peyton y sus hermanos.

Soy una mamá que ora el Salmo 91 palabra por palabra para mi familia semanalmente, haciendo uso del pacto y diciéndolo en voz alta. Diariamente oro por la protección de mi familia y me acuerdo del escudo de ángeles que les rodea. He pedido fervientemente que mis hijos nunca sufran daño, específicamente de accidentes de autos o bicicletas. El Salmo 91 ha sido la promesa sobre la que mi esposo y yo hemos descansado para nuestros hijos durante toda su vida y sabemos de cierto que Dios verdaderamente oyó nuestras oraciones ese día.

KAREN PICKETT

Hace varios meses, mientras echaba un vistazo en una librería cristiana, me llamó la atención un libro llamado *El Salmo 91: el escudo de protección de Dios*, escrito por una autora para mí desconocida: una señora con tres nombres (Peggy Joyce Ruth). Estaba buscando otra cosa, así que lo dejé, pero parecía que el Espíritu Santo seguía dirigiendo mi atención a ese libro. Yo me resistí— siempre compro más libros de los que puedo leer—, pero lo cierto es que ese libro se vino a casa conmigo.

Varias semanas después, el libro *El Salmo 91* llegó a la cima de mi pila de libros a leer. Mientras leía el libro, las promesas que había en este capítulo de las Escrituras avivaron mi corazón y sentía no haberlo leído antes. Mi espíritu entendió inmediatamente la importancia y la oportunidad de este mensaje. Cuanto más leía, la promesa de protección del pacto de Dios me entusiasmaba de una manera totalmente nueva. El llamado del Espíritu Santo para comprar este libro no cabe duda de que fue una invitación para una cita divina con Dios. Leyendo y reflexionando, mi espíritu digería cada versículo y cada promesa del Salmo 91. Como creo firmemente que las promesas del pacto del Salmo

91 pueden guardarnos sanos y salvos en los días venideros, compré un libro para cada uno de mis hijos y para cada uno de los intercesores que oran por nuestro ministerio. Los que ya han recibido sus libros están emocionados por aprender más de la cubierta que Dios ofrece para los que verdaderamente habitan en el lugar secreto del Altísimo. Al recibir una nueva revelación de la protección de Dios del Salmo 91, obtuve un mejor entendimiento de cómo puedo activar su promesa. Pasé mucho tiempo examinando mi corazón para asegurarme de que realmente estaba morando en ese lugar secreto. Fui más consciente de una nueva paz en mi espíritu, y tuve una mayor conciencia de la protección bajo la que camino. Poco me imaginaba yo lo rápidamente que el Señor me confirmaría su promesa.

El martes pasado por la noche fui a una base de misiones donde ministramos, situada a unos pocos kilómetros a las afueras de la ciudad en una carretera secundaria de dos carriles. La carretera estaba mojada y el tiempo estaba lluvioso y nublado, así que yo conducía con mucha cautela. Había mucho tráfico en dirección opuesta a la mía, pero sólo había otros dos autos circulando en mi dirección, un auto delante y otro a cierta distancia detrás de mí. Oraba mientras conducía, estando atenta a las difíciles condiciones de la conducción.

De repente, me encontraba conduciendo por la cuneta, y mi corazón comenzó a latir con fuerza porque sabía que no era yo la que había conducido hacia la cuneta. Me pareció como si se detuviera el tiempo y vi que el auto que iba delante de mí se salió repentinamente de la carretera hacia un carril lateral. Mi mente se aceleró mientras luchaba con el temor y la confusión. Entonces vi un tractor semitráiler que venía hacia mí (pensé que iba a arrancar mi espejo retrovisor cuando nos cruzáramos). Ahí estaba él, en mi carril, con su carril lleno de autos. Si yo no me hubiera salido de la carretera sobrenaturalmente, ese tráiler me habría golpeado. Sólo Dios podría haber hecho eso por mí: apartarnos a mi auto y a mí de una destrucción segura.

Mientras tanto, mi esposo estaba también en esa misma carretera, conduciendo en dirección contraria. Él vio el tráiler delante de él, cambiándose de un carril a otro. Cuando alcanzó su teléfono para llamarme, sintió no hacerlo. Dijo que sintió como si el Señor le quitara su mano del teléfono, así que se acomodó de nuevo y comenzó a orar por mí.

Aún avanzando hacia adelante, volví a incorporarme a la carretera y me dirigí a mi destino. No hace falta decir que me tocó bastante el acontecimiento, sabiendo que acababa de experimentar un rescate divino. Debo admitir que aún tiemblo un poco, y que a menudo lloro de alegría y asombro. Estoy tremendamente agradecida de poder informarle de que esta semana no me golpeó un tráiler. Sigo viviendo y hablándole de la bondad de Dios y su fiel compromiso a su promesa del pacto que se encuentra en el Salmo 91.

ACCIDENTE AÉREO EN LA BAHÍA DE HUDSON

Mi hijo menor, Andrew, había regresado recientemente de su segundo periodo de servicio en Afganistán. Este último había sido uno de esos periodos largos de quince meses. Había servido doce meses en Afganistán anteriormente, con un año de descanso entre medios. Yo pasé muchas horas orando por protección sobre él. El Salmo 91 se convirtió en algo muy significativo para mí y oraba por él con este salmo de protección todos los días. Oraba diciendo: "Dios le librará de la trampa del cazador", y "a sus ángeles mandará acerca de él que le guarden en todos sus caminos". Fue de un gran alivio esta vez cuando regresó, porque su compromiso de servicio activo en el ejército se terminaba para regresar de nuevo a la vida scivil.

Andrew quería celebrar su regreso con un viaje a Nueva York para el cumpleaños de su prometida. Iríamos a recogerlo al aeropuerto la noche del 15 de enero. Había sido un tiempo muy, muy dulce para Stephanie y para él, y su papá y yo anhelábamos su regreso a casa y que pasara tiempo con nosotros.

El teléfono sonó y era Andrew. Comenzó la conversación con: "Estoy bien". Lo primero que pensó mi esposo fue: "Bueno, claro que estás bien". Luego Andrew procedió a contarle a su papá que su avión se cayó en el río Hudson y le dijo que encendiera la televisión. Eso es todo lo que le dio tiempo a decirnos. Su papá y yo nos apresuramos a encender la televisión. Había noticias del accidente del vuelo 1549 en el río Hudson. Nos quedamos atónitos, mirando fijamente al televisor mientras veíamos las imágenes de ese avión flotando en el agua. El ala derecha estaba escorada. Observamos y esperamos a volver a oír de él.

Cuando volvió a llamar, nos dijo que él y Stephanie viajaban en el ala derecha del avión, la cual se estaba hundiendo. Les había llegado el agua helada hasta los tobillos, y en poco tiempo les superaba las rodillas. Cada vez se iban más hacia la derecha, a medida que los demás pasajeros iban saliendo por la puerta de emergencia.

Cuando Andrew nos contaba los eventos del día, dijo que sabía que le pasaba algo al avión cuando oyó un ruido y vio salir humo negro del motor. A medida que el avión se ladeaba para dar un giro, Andrew le aseguró a Stephanie que todo saldría bien; no estaban lejos del aeropuerto y el avión regresaba a tierra. Al mirar por la ventana, Andrew se dio cuenta de que había un extraño silencio en el avión. Normalmente, se puede oír el zumbido de los motores, pero él no oía ningún ruido procedente de ellos. En ese momento se dio cuenta de que tan sólo estaban planeando. Al perder altura rápidamente, supo que tenían problemas. Cuando el piloto habló por los altavoces y les dijo que se preparasen para el impacto, Stephanie se puso a llorar y Andrew supo que caerían al agua. Dijo que de algún modo le alivió saber que caerían en el agua y no en tierra. Pensó que quizá podrían tener más oportunidades de sobrevivir. Dijo que tuvo una chispa de esperanza, mezclada con temor. Le estaba diciendo a Stephanie que si de algún modo sobrevivían al impacto, tendrían que salir del avión a toda prisa. Se besaron y dijeron "Te amo", acurrucándose el uno contra el otro y comenzaron a orar juntos, preparándose para el impacto.

Andrew dijo que tuvo todo tipo de situaciones cruzando por su mente en ese largo minuto que pasó antes del impacto. ¿Qué ocurriría si el avión se partía y se los tragaba el mar? Posiblemente intentaría encontrar frenéticamente a Stephanie. También sabía que la hipotermia podría producirse con mucha rapidez, y sus pulmones se congelarían rápidamente, junto con sus extremidades. Pensó: "Sobreviví a dos periodos de servicio en Afganistán, ¿y ahora voy a terminar así?".

Por la gracia de Dios y con la experiencia de un piloto muy experimentado, el avión tuvo un aterrizaje relativamente suave sobre el agua. Desabrocharon sus cinturones de seguridad rápidamente, y Andrew guió a Stephanie por el pasillo hacia la puerta de emergencia del ala.

Andrew consuela a Stephanie tras el accidente

El piloto, el capitán Sullenberger, estaba en la terminal donde llevaron a Andrew. Parecía calmado, tomándose una taza de café, con una de sus manos en el bolsillo, aunque estoy segura de que él también estaba en estado de choque. Había mucha celebración y todo el mundo le daba las gracias en la terminal. Dios ciertamente lo había usado ese día.

Cuando Andrew y Stephanie llegaron a nuestra casa en tren, todos alabamos a Dios y nos maravillamos del milagro que había ocurrido. Nos gozamos con el testimonio de Andrew de cómo Dios estuvo en ese vuelo: poniendo a Chesley Sullenberger a los mandos del avión ese día; el transitado río Hudson estaba libre de ferris y otros barcos en ese momento; mantuvo el avión en una pieza y a flote mientras los 155 pasajeros eran rescatados; plantó firmemente sus pies casi congelados sobre una superficie escurridiza, en una corriente de agua y que ninguno de ellos se cayera. Ser testigo y experimentar este milagro de primera mano ha fortalecido y afirmado la fe de Andrew.

¿Será que todas esas oraciones, particularmente la oración de protección del Salmo 91 que yo oraba sobre Andrew mientras estaba de servicio, siguieron cubriendo a mi hijo? ¡Por supuesto! Había sobrevivido a dos largos periodos de servicio en Afganistán, y ahora que regresaba, vuelve a ser un superviviente. Creo que la protección de su padre y mis oraciones por nuestro hijo le ayudaron a que llegara sano y salvo ese día. La dramática muestra de Dios de su protección era evidente. Mi propio pensamiento es que el capitán Sullenberger realmente fue el copiloto ese día. El verdadero piloto, Dios mismo, ¡estaba en control de ese vuelo!

Nuestra fidelidad en reclamar la Palabra de Dios y hacer esas oraciones ante Él regresan a nuestra vida cotidiana, ya sea que las oremos para recibir consuelo diario, fuerza y protección, o que las oremos en un tiempo de dificultad. Dios estuvo con mi hijo pequeño en Afganistán y estuvo con él en ese avión. No importa cuáles sean las circunstancias:

El que habita al abrigo del Altísimo
Morará bajo la sombra del Omnipotente.
Diré yo a Jehová: Esperanza mía, y castillo mío;
Mi Dios, en quien confiaré

—SALMO 91:1–2

Andrew con sus padres en su casa.

Ha habido más buenas noticias después de ese día. Quizá le gustaría saber que el Primer Oficial Jeff Skiles y su esposa asistieron a la boda y la celebración de Andrew y Stephanie el 22 de agosto. Estuvieron encantados y todos tuvieron la oportunidad de abrazarle, ¡y darle las gracias por hacer que este día fuera posible!

Andrew y Stephanie celebrando la vida.

El capitán Sullenberger y su esposa lamentaron no poder asistir, así que enviaron un video personal para que lo pusieran en la boda, felicitando a Andrew y Stephanie en su día tan especial, ¡y dándoles uno o dos consejos para tener un matrimonio feliz! Fue muy bonito.

DEL Y PAT HICKS, SALVADOS DEL HURACÁN ANDREW

Pat y Del Hicks, experimentados residentes de la Florida, estaban ambos familiarizados con las tormentas y los huracanes y conocían la importancia de *vivir* preparados. Habían sobrevivido cuatro huracanes y ahora se enfrentaban a Andrew. Sus puertas y ventanas estaban cubiertas con maderas, habían almacenado agua en los barriles que tenían siempre a mano y habían llenado sus bañeras de agua. Todo lo que no estaba muy seguro afuera, lo metieron dentro, y tenían las estanterías llenas de comida extra. Pat escuchó el último parte meteorológico y se dio cuenta de que la tormenta se dirigía directamente a Miami, con vientos superiores a 240 kilómetros por hora, lo cual ponía a su casa justo en su trayectoria. Del llegó en ese momento, diciéndoles a todos que había atasco en todos los carriles de las autopistas intentando salir de la ciudad, avanzando a no más de 10 kilómetros por hora, lo cual ahogaba toda esperanza de que pudieran subir en el auto a la familia para salir de la ciudad.

Acababa de cumplirse un año del accidente aéreo de Del, el cual le dejó en las gélidas aguas del Atlántico tres días mientras se aferraba al Salmo 91 hasta que fue rescatado. Había sobrevivido un accidente de avión, a los tiburones que daban vueltas alrededor de los supervivientes y las turbulentas aguas heladas del océano de día y de noche. Con toda esa experiencia, estaba más que decidido que nunca a que el enemigo no obtendría la victoria sobre su familia esta vez.

Pat miró a las palmeras y los arces de su jardín que habían provisto sombra y diversión para sus hijos y nietos durante las dos últimas generaciones, y ella también estaba decidida a que el enemigo no sería capaz de ganar. Un viento huracanado de 240 kilómetros por hora no era algo fácil, pero Pat sabía que ella tenía autoridad en el nombre de Jesús sobre cualquier cosa que el enemigo pudiera enviar. Comenzó a animarse a sí misma recordando cómo Moisés aplicó la sangre del cordero a los dinteles de su casa cuando el ángel de la muerte devastó Egipto, así que comenzó a aplicar la sangre de Jesucristo y a citar las promesas del Salmo 91. Sentía que siempre acudía al Señor con el Salmo noventa y uno. "Sé que hay otras promesas en las Escrituras que podría usar, pero este salmo está en mi corazón y sé que es cierto hoy tanto como el día en que se declaró por primera vez; por tanto, seguiré declarándolo: 'Moramos al abrigo del Altísimo'. ¡Decimos en los lugares celestiales que tú eres nuestro Dios y nuestro refugio en esta tormenta!'". Pat caminaba por el jardín imponiendo manos sobre los árboles, confesando que ahora estaban bajo la sombra del Altísimo, y luego tocando la casa, el cobertizo y poniendo todo bajo la protección del Dios del universo.

Catorce miembros de la familia se juntaron en la casa de los Hicks para esperar la tormenta. Afuera, la tormenta cada vez era más violenta, y a las 2:00 de la mañana no había corriente eléctrica. Para empeorar las cosas, Pat tenía que limitar cuidadosamente el oxígeno de su madre para que le durase lo que tenía. A medida que se intensificaba la tormenta, comenzaban a oír cosas golpeando contra la casa. De hecho, durante todas las horas de la noche estuvieron oyendo objetos pesados golpear contra su casa. A las 4:00 de la mañana la tormenta era tan fuerte, que todos pensaron que la casa se partiría en dos. Sonaba como un avión despegando en una pista de despegue. Cuando fue obvio que iban a perder el tejado, todos comenzaron a imponer manos sobre las paredes y a ordenarles que permanecieran firmes en el nombre de Jesús. El tejado se sacudió, pero siguió en su posición. Eso fue un gran testimonio para todos de que el nombre de Jesús era mayor y tenía más poder que cualquier huracán. Del había comprado una televisión a pilas, así que las catorce personas nos apiñamos en su cama grande y vimos la tormenta. En el radar, podían ver el ojo del huracán moviéndose hacia el interior. Su casa estaba en línea paralela directa al centro de servicios de detección de huracanes, y pudieron ver cómo el fuerte viento golpeaba contra el centro de huracanes y arrancaba su medidor de viento, el radar y se llevaba el tejado del edificio. La última lectura del medidor antes de golpear el centro de huracanes mostraba vientos de 260 kilómetros por hora. Después, la cobertura televisiva se perdió. En ese instante había un aluvión de cosas que chocaban contra la casa. Pat dijo: "Parecía un tren de mercancías, el sonido era altísimo. Creíamos que eran autos que estaban chocando contra la casa". Estaba demasiado oscuro como para poder ver con claridad por la ventana, pero pudieron ver las cosas volando. En cierto momento algo chocó tan fuerte en el jardín de atrás que todos pensaron que el cobertizo del jardín se habría arrancado de raíz. No fue como hasta las 7:00 de la mañana cuando la tormenta comenzó a amainar. Cuando finalmente pudieron salir, parecían imágenes extraídas de una película de una ciudad que había sido bombardeada. Del dijo: "Los cobertizos colgaban de los tendidos eléctricos, la mitad de la casa que había directamente detrás de nosotros no estaba, la mayoría de los tejados en el vecindario no estaban o se habían dañado ostensiblemente, había escombros por todas partes, y los árboles estaban caídos y desarraigados. Había todo tipo de cosas colgando sobre los cables de los postes que no se habían caído, incluso había una canoa de alguien colgando de los cables. Nuestra casa fue la única en la zona con el cobertizo intacto. Las puertas que daban al cobertizo estaban abiertas de par en par, pero todo estaba dentro". Pat fue a revisar su arce del jardín de atrás, el cual colocó en su sitio, replantó y siguió creciendo y dando fruto.

Pat dijo: "Nuestra propiedad parecía un oasis en medio de un desierto y pronto se convirtió en casi una atracción turística". Los vecinos estaban anonadados cuando vieron el daño que se produjo en el vecindario comparado con la propiedad de los Hicks. Un hombre quería saber cómo habían hecho para proteger su propiedad, pues estaba intrigadísimo: "Han estado orando, ¿verdad?". Pat le explicó que ella había caminado por todos los rincones de su propiedad recitando el Salmo 91. Al ver que los Hicks tenían los árboles en su sitio, su tejado no se había volado y que su cobertizo estaba en su lugar, ¡le pidió que extendiera su oración más allá de sus linderos! Pat le dijo al hombre que lo habría hecho si hubiera tenido más tiempo, pero había estado ocupada intentando ayudar a su mamá.

La furia del huracán Andrew no afectó el cobertizo de los Hicks.

La protección de los Hicks también se extendió a otros. Durante las tres semanas siguientes, los familiares y amigos cuyos hogares fueron destruidos fueron a vivir con los Hicks. Había catorce personas viviendo en su casa de cuatro habitaciones y dos baños, sin electricidad. Cuando la gente finalmente pudo conducir por la zona, Pat dijo que no podía dejar de llorar al contemplar el desastre que se produjo en un área de sesenta kilómetros. Lo único que podía decir era: "El desastre era indescriptible y me partía el corazón ver la cantidad de personas que perdieron sus propiedades y posesiones por mano del enemigo".

Cuando llegó el perito de la aseguradora y vio su gran árbol, árboles más pequeños sanos y salvos en su jardín frontal, se quedó pasmado, porque al menos el 75 por ciento de la arboleda de esa zona había sido devastada.

No fue hasta que entró y vio a Pat editando su artículo para la revista sobre la bondad de Dios y su protección que dijo: "¡Lo sabía! ¡Lo sabía!". Pat le había pedido que entrara y leyera el artículo. Él miraba como si estuviera contento de tener finalmente la respuesta para el hecho de que su propiedad sobreviviera al huracán y dijo: "Sabía que tenía que haber algo. Dios tenía

137

que ser el único capaz de protegerles para haber aguantado esta tormenta sin haber sufrido apenas daños".

El huracán Andrew fue clasificado como una tormenta de categoría cinco. Sesenta y cinco personas perdieron sus vidas, más de 250,000 se quedaron sin hogar y se destruyeron 82,000 empresas. Cien mil personas se fueron de Dade County, y decidieron no volver a vivir allí. El huracán causó unos daños valorados en veintiséis mil millones de dólares, lo cual equivale a un gasto de cuarenta y un mil millones de dólares y un valor de treinta y tres años de escombros. ¡Me imagino que cuando el perito asegurador hizo una lista de los daños, pensó que las compañías de seguros hubieran querido que más gente hubiera sabido cómo orar el Salmo 91!

Del y Pat siguen dándole las gracias a Dios por el nombre de Jesús. Ambos dicen que están más decididos que nunca a comenzar cada día con el Salmo 91. De hecho, su frase exacta fue: "El Salmo 91 es, y siempre será, nuestro refugio en cada tormenta".

Del y Pat Hicks

LA SRA. MARY (DON) JOHNSON, TESTIMONIO DE UN SECUESTRO

Nota de la autora: Mary cuenta en sus propias palabras el testimonio del milagro de su secuestro. Es un relato dramático del poder de la liberación y protección de Dios.

Tras regresar de una venta de vacas Red Brangus de cinco días, donde mi esposo y yo también nos reunimos con nuestra hija para comprar ropa para el inminente nacimiento de nuestro primer nieto, me había levantado pronto esa mañana para ponerme al día con mis tareas. Vivimos a unos treinta kilómetros de la ciudad, en el campo, así que me sorprendió que un joven en una vieja camioneta me interrumpiera—supuestamente se había perdido— para pedirme un vaso de agua. El pretexto se terminó cuando sacó una pistola y me dijo que entrara en el auto. Mi grito de sorpresa pronto se vio apagado cuando me amenazó de muerte si lo volvía a hacer. Me introdujo en la parte trasera del vehículo donde un hombre que llevaba una malla de nylon en su cabeza me amordazó la boca y las manos, y cubrió mi cabeza con una cazadora negra. Una alfombra negra cubría los laterales, el piso y el techo del vehículo. Las ventanas estaban cubiertas con cortinas negras.

Yo no sabía adónde me llevaban; sé que cruzamos las vías del tren y terminamos en un camino de grava. Nunca había tenido tanto miedo en toda mi vida. En lo único que pensaba era en que pronto cumpliría cincuenta años—pronto iba a ser abuela—y no estaba segura de que viviera para contarlo. Pero mi mayor temor era que me violaran. Sin embargo, finalmente me tranquilicé y comencé a reclamar mi promesa de protección espiritual del pacto. De repente me di cuenta de que *era hija de Dios (el temor era algo del diablo) y que tenía la protección de Dios sobre mi vida.*

Fue entonces cuando paramos. Con una gorra de lana cubriéndome la cara, me llevaron cruzando una valla de pinchos y a través de una pradera hasta una casa de rancho vieja y abandonada, donde me esposaron a las tuberías de un baño. Uno de mis secuestradores preguntó: "¿Cuál sería la mejor forma de hacer que su esposo coopere con esto sin llamar a la policía?". Después me advirtieron de que si él acudía a la policía nunca me volvería a ver, ¡viva! Planearon una llamada telefónica con todas las amenazas e instrucciones típicas de un secuestro y luego me dejaron con el dilema.

Mientras citaba mis promesas, cantaba himnos de liberación y le daba gracias a Dios, intentaba con todas mis fuerzas aflojar las tuberías, pero no cedían. Dios dijo en el Salmo 91:15: "Me invocará, y yo le responderé; con él estaré yo en la angustia; lo libraré y le glorificaré". Comencé a orar: "¡Señor, estoy invocándote! No puedo hacer esto, pero tú sí. Muéstrame una manera de escaparme". Después, por primera vez observé una pequeña tubería que salía de la parte trasera del lavabo. No tengo ni idea de cómo pude hacerlo, pero sé que fue un milagro porque el agente del FBI no podía creer que pudiera hacer lo que hice.

Sabiendo que ciertamente los secuestradores harían su llamada a Don y regresarían en breve, salí a toda prisa por la parte de atrás y crucé la valla. No tenía ni idea de dónde estaba, pero tenía confianza en que Dios me llevaría donde tuviera que estar. Doce millas después llegué a una casa con todas las puertas cerradas salvo la puerta principal. (Después me enteré de que la dueña nunca dejaba las puertas abiertas, salvo ese día en particular). Tras varias llamadas, el sheriff estaba de camino para recogerme, pero mi esposo ya había salido hacia Goldthwaite, Texas, con el dinero del rescate.

Los secuestradores no acudieron a la primera cita, pero llamaron a las doce y media esa noche con un nuevo lugar de reunión para reunirse en Austin, Texas. Obviamente, ellos no sabían que yo me había escapado. Esta vez fueron los Rangers de Texas los que acudieron y atraparon al primer hombre; después, alcanzaron al segundo. El FBI me llamó para que acudiera a Austin para identificarle en una *rueda de reconocimiento*. Lo único que me pidieron fue que los hombres de la rueda de reconocimiento, con una gorra puesta me dijeran: "¿Me podría dar un vaso de agua?". Con eso, pude reconocerle entre los componentes del grupo y ese fue todo mi trabajo.

Le doy gracias a Dios por su pacto de protección del Salmo 91. No debemos tener miedo del "terror de lo que nos pueda hacer el hombre, pues a nosotros no nos llegará".

Nota de la autora: El hombre que fue condenado por ese delito no era un aficionado. Según la policía, tenía un problema delictivo habitual desde su juventud y ya había sido condenado previamente y encarcelado por robo, indecencia y acoso sexual. Por este delito en concreto fue sentenciado a noventa y nueve años en prisión. El sheriff le dijo a Mary Johnson que nunca habían tenido en la cárcel de ese lugar a un hombre tan malvado como ese. El FBI se sorprendió mucho de que Mary lograra escapar y se sorprendió aún más de que no la hubieran golpeado, violado o asesinado. Uno de los agentes de FBI hizo este comentario: "No nos explicamos el hecho de que podamos estar aquí hoy sentados con usted y se encuentre en perfectas condiciones".

Pocas personas entienden el poder de este maravilloso pacto.

EL MILAGRO DE JULIE
relatado por su padre

La terrible experiencia de Julie comenzó en mayo de 1983, mientras asistía a la fiesta de cumpleaños de su amiga en el campo. Julie había montado caballos con su abuelo durante casi nueve de sus diez años, así que cuando preguntaron quién quería montar, ella no lo dudó. Pero una niña de nueve años montando sin silla en un caballo adulto tiene pocos lugares de donde agarrarse, así que cuando el caballo comenzó a correr, ella se escurrió y cayó debajo del caballo; y entre las piedras y las pezuñas se lastimó seriamente la cabeza.

Cuando llegamos al hospital, un amigo médico intentó hacer de parachoques con nosotros antes de que viéramos a nuestra hija. Nos advirtió que estaba en un estado grave y que el hospital ya estaba haciendo los preparativos para transportarla a la ciudad grande más cercana para tratarla. A pesar de su esfuerzo por prepararnos, no estábamos ni lo más mínimamente preparados para lo que vimos. El lado derecho de su cabeza estaba hinchado, literalmente del tamaño de un balón de voleibol. Sus dos ojos estaban hinchados y cerrados, y su cabello y su cara estaban bañados en sangre. No había manera alguna de reconocerla.

En este punto, tengo que dar una información crucial. A través de las enseñanzas de Kenneth Copeland, de Kenneth Copeland Ministries en Fort Worth, yo había comenzado a estudiar bastante sobre la sanidad y la fe. Jesús y yo habíamos pasado mucho tiempo juntos a solas, durante el cual recibí el bautismo del Espíritu Santo y el Señor se volvió muy personal para mí. Nuestra iglesia creía firmemente en que Jesús sigue siendo nuestro *sanador*. Verdaderamente puedo decir que desde el momento en que vi por primera vez el estado de Julie, clamé a Jesús y tuve fe en que su poder sanador y sus promesas del Salmo 91 le ayudarían a superarlo. Estoy contento de no haber analizado la situación, pero todos sabíamos que era tan grave que necesitábamos un milagro. Incluso antes de que la ambulancia llegara al hospital, ya había toda una red de creyentes cada vez mayor que estaban intercediendo.

Además del conductor, había dos paramédicos en la parte posterior de la ambulancia con Julie, y uno en la parte delantera entre el conductor y yo. Fui orando todo el camino (en susurros) casi ignorando a los que me acompañaban en la cabina. Recuerdo que le daba gracias a Jesús por la sanidad y le decía a Satanás que no podría arrebatar la vida de Julie, que era una hija de Dios y que había sido dedicada al Señor desde su nacimiento. Durante los ciento treinta y cinco kilómetros no dejé de reclamar su sanidad. ¡No lo hice en voz alta! Sabía que me estaban oyendo en las dos esferas del espíritu. Después, en algún lugar a este lado de Abilene, los paramédicos abrieron el panel que separa la cabina de la parte posterior y le dijeron algo al conductor. Habíamos ido bastante rápido todo el tiempo, pero en ese instante el conductor puso la sirena y aceleró el resto del camino hasta el hospital. Después supe que los paramédicos le habían dicho al conductor que Julie había perdido todas las constantes vitales y que no podían reanimarla. No estoy seguro del tiempo que estuvo sin constantes vitales, pero fueron varios minutos. Me dijeron que la vida regresó a su cuerpo más o menos cuando llegamos al extremo de la ciudad.

Mientras ocurría todo esto, mi cuñado, que era anciano de nuestra iglesia, iba a unos cuarenta y cinco minutos detrás de nosotros en su auto. De camino, sintió que Dios le dijo que Julie había muerto, y Dios le preguntó si estaría dispuesto a tumbarse sobre el cuerpo ella como el profeta Eliseo había hecho con el niño en 2 Reyes 4:34 para devolverle la vida. Sabiendo que eso supondría probablemente tener que lidiar con los doctores y enfermeras y quedar como un tonto, dijo que luchó en su interior durante varios minutos antes de saber, sin ninguna duda, que estaría dispuesto a hacerlo. En el momento en que hizo el compromiso, sintió que Dios le dijo que Julie estaría bien. Después regresamos al lugar donde él estaba en ruta durante este enfrentamiento con Dios. Según nuestros cálculos, la ambulancia habría estado entrando en los límites de la ciudad en el momento en que Dios le dijo que Julie estaría bien. Ese fue el momento en que Julie recobró sus constantes vitales.

Cuando llegamos, se llevaron inmediatamente a Julie para hacerle un TAC. Cuando el doctor obtuvo los resultados, su cráneo estaba agrietado como la cáscara de un huevo, con tantas complicaciones que no nos dio ninguna esperanza. Alguien le preguntó si había daño cerebral, a lo cual contestó: "Los padres siempre preguntan sobre el daño cerebral. Su preocupación debe ser la de saber si pasará o no de esta noche, pero si vive, sí, habrá un gran daño cerebral". No quise parecer arrogante, pero negué cada una de esas frases negativas de alguien que no tenía fe como nosotros. El doctor obviamente se molestó con nosotros, pero estoy seguro que pensó que estábamos en esa fase de negación. Simplemente él no sabía de dónde venía nuestra negación. Para la total sorpresa del doctor, Julie sobrevivió esa noche. Dejábamos versículos de sanidad sobre su almohada á todas horas, y la tomábamos de la mano y le declarábamos amor continuamente. Mi esposa tuvo el astronómico trabajo de limpiar la sangre seca de su cabello y desenredarlo, declarando sanidad y citando el Salmo 91 todo el tiempo sobre ella.

Nos dijeron que estaría ingresada una buena temporada, pero mi frustración era que Julie no se levantara de la cama al día siguiente para irse a casa. Dios debió de haberme dado el *don de fe*, porque yo estaba preparado para una sanidad como la de Lázaro. Comenzamos a observar que, milagrosamente, cada vez que nos daban un plazo estimado de algo, lo lográbamos siete veces más rápido. Al principio pensamos que era una bonita coincidencia, hasta que siguió así hasta rebasar toda posibilidad de ser casualidad.

Durante una estancia hospitalaria de sólo nueve días, vimos desvelarse nuestro milagro. El daño físico siguió sanándose a ese paso sobrenatural a medida que iba bajando la hinchazón, el color regresaba a lo normal y el comportamiento mental pasaba de extraño a normal: cada día era un milagro. Había otros pacientes en el hospital con daños en la cabeza, aparentemente no tan graves como el de Julie, que llevaban allí seis meses o incluso más. Muchos de ellos estaban aprendiendo a volver a caminar y a hablar.

Durante los días sucesivos, vimos cómo Jesús protegía a Julie mientras llevaba a cabo su sanidad. Era como si su cuerpo se hubiera quedado en la cama del hospital mientras se llevaba a cabo su sanidad mientras que Julie (quizá su alma, y seguro que su espíritu) parecía estar siendo acurrucada por Jesús en su interior hasta que el proceso de sanidad fuera completo. Durante los primeros días tras el accidente, no podíamos reconocer nada de ella que nos recordara a nuestra Julie. Luego, poco a poco, le vimos regresar hasta que volvió a estar totalmente como ella era.

Casi podíamos ver cómo se producía la sanidad ante nuestros propios ojos. Las enfermeras estaban sorprendidas y todas le llamaban "la niña milagro".

Incluso nuestro duro neurocirujano—sin atribuírselo a Dios— dijo que su recuperación no tenía explicación. Él nos vio orando y creyendo día tras día, y debido a los resultados que tenía delante, no podía irse a casa fácilmente y tacharnos de majaretas excéntricos.

La noche del accidente nos habían dicho que, además del daño cerebral, perdería considerablemente su capacidad auditiva, ya que el hueso mastoides había sido parte de la fractura del cráneo. También estaban bastante seguros de que el nervio óptico había sido dañado (lo cual nos aseguraron que le causaría la pérdida de vista, o bien parcial o total). Cuando le dieron el alta a Julie, tan sólo nueve días después de entrar en el hospital, el único síntoma externo del accidente era que su ojo derecho estaba aún un tanto enrojecido. Se fue a casa sin ningún daño cerebral y sin pérdida de visión (su visión era totalmente normal). El día que la dieron de alta, sin embargo, el médico que estaba ahí (incluso habiendo presenciado su recuperación milagrosa) seguía insistiendo: "Habrá una pérdida de audición" y nos dijo que la lleváramos en julio al otorrino. Lo hicimos y nos dijo que oía perfectamente. Le damos gracias a Jesús por lo que hizo en la cruz por cada uno de nosotros y por sus maravillosas promesas del Salmo 91.

Nota de la autora: Julie y su esposo, Rocky, viven en San Antonio, Texas, donde ella trabaja como higienista dental.

NATALIE OGLETREE

Quién hubiera podido saber que tras sólo ocho semanas empleada en el Pentágono, ocurriría algo en ese corto periodo de tiempo que haría que Natalie Ogletree fuera a ser recordada para siempre. El 11 de septiembre, cuando el avión se estrelló contra el edificio, ella estaba trabajando como gestora financiera para la marina en el quinto piso del lugar adyacente al impacto. Como el techo enfrente de su oficina se había derrumbado, ella y sus compañeros de trabajo se dirigieron hacia una salida de emergencia en la parte trasera de la oficina. Ella reunió sus cosas y emprendió la salida. Pensando que estaban atrapados, es comprensible su alivio cuando finalmente encontraron la salida de incendios que les llevaría directos al exterior de la planta baja. La parte adyacente se encontraba vacía, espeluznante como una ciudad fantasma. Fue un milagro que el avión golpeara una parte del Pentágono que había sido remodelada y fortalecida, o el avión probablemente habría penetrado mucho más en el edificio si hubiera golpeado en otra parte. Esta nueva construcción del Pentágono había sido reforzada.

Cuando el grupo de unos veinticinco trabajadores llegaron a la primera planta, el personal militar estaba corriendo desesperadamente hacia el lugar del impacto, retirando a personas heridas y llevándoles a un área segura donde pudieran acostarlos en el suelo y ser curados. Natalie iba de camino para salir del edificio con sus compañeros de trabajo cuando se cruzó con un militar, varón, al cual llevaban entre varios hombres. Cuando ella miró, algo le dijo que dejara continuar al grupo y que ella se dirigiera hacia ese hombre. Estaba gravemente herido con quemaduras en más del 60 por ciento de su cuerpo, pero no estaba muerto.

Sin embargo, su cuerpo no sólo parecía quemado, sino también gravemente herido. De niña, Natalie se cayó en un cubo de agua hirviendo que su mamá estaba usando para fregar el piso, así que sabía lo que era tener quemaduras desde sus rodillas hasta sus hombros. Aún tenía cicatrices y se acordaba del dolor.

Los zapatos del hombre habían salido volando, no tenía calcetines, sus brazos y su rostro estaban quemados, y todo su cuerpo ahumado y carbonizado. Estaba gritando para que alguien aliviara su dolor. Ella corrió a su lado, y él le pidió a Natalie que se asegurase de llamar a su esposa, Mel, y le dijera que estaba bien. Todo parecía indicar que no sobreviviría, así que Natalie escuchó con atención las palabras que tenía que decirle a su esposa. Varias veces parecía que él no coordinaba debido a que el dolor y las heridas que tenía eran muy graves.

Mientras los militares evaluaban su estado, Natalie sostenía su mano y oraba con él, intentando apartar su mente del dolor. Ella comenzó a citar el Padrenuestro y el Salmo 23. Sin embargo, había un salmo del que tres semanas antes, su madre, Delores Green, le había estado hablando: el Salmo 91. De hecho, su madre le había pedido a Natalie que lo orase todas las mañanas. Ella se alegró de haber tomado su Biblia que estaba en su escritorio junto a su bolso a pesar de las prisas. Natalie no se sabía el salmo de memoria, pero tras pasar un par de páginas encontró lo que buscaba. Comenzó, pues, a leer las palabras.

"El que habita al abrigo del Altísimo, morará bajo la sombra del Omnipotente…". Ella comenzó a declararle a él el Salmo 91. Luego supo que el hombre herido era el coronel Brian Birdwell. Los brazos del coronel Birdwell estaban ensangrentados y sus pies aún estaban humeantes, pero ella le leyó este salmo de protección. Luego volvió al Salmo 23, el cual se sabía de memoria, y lo recitó con él y dijeron juntos un Padrenuestro. Luego volvieron al Salmo 91. Durante treinta o treinta y cinco minutos ella leyó al menos siete veces estos salmos. Algo sobrenatural estaba ocurriendo en él.

Brian y Mel con la familia Ogletree: Natalie, Mark, Avery y Aaron. Natalie oró por Brian en un pasillo del Pentágono mientras era tratado el 11 de septiembre.

Ella oró con él una vez más, y le dijo: "¡Se va a poner usted bien!". Ella se fue, pero Dios no había terminado aún. Cuando ella salió del edificio, volvió a él corriendo y pudo ver el alcance de sus heridas, así que volvió a orar nuevamente. No había ambulancias que pudieran llegar al Pentágono, así que quienes estaban al mando intentaban hacerles señas a los civiles para que trasportaran a los heridos. Lo metieron en un pequeño SUV, pero no era suficientemente grande, así que le volvieron a sacar. Tan sólo unos vehículos detrás de este auto, estaba un capitán del ejército en un Ford Expedition que lo llevó al hospital Georgetown University. Natalie siguió orando. Había hecho todo lo que sabía hacer en lo natural, y la situación no se veía bien, pero ella había activado el poder sobrenatural de la Palabra de Dios sobre él. Durante dos meses buscó información acerca de este hombre y tuvo a su iglesia y su grupo de estudio bíblico orando por él. Después, el 2 ó 3 de diciembre, escuchó en las noticias la milagrosa historia de un superviviente y comenzó a llorar, sabiendo en su corazón que era el Sr. Birdwell. Después, la primavera siguiente, Natalie se encontró con alguien en el Pentágono que le preguntó si había conocido a alguien el 11 de septiembre. Los hombres le dijeron: "¡Brian la está buscando!". Natalie y su familia (Mark, Avery y Aaron) finalmente se reunieron con el coronel Brian Birdwell, su esposa Mel y su hijo Matthew. No se dio cuenta hasta el aniversario del ataque del Pentágono de que la fecha (9/11) era como la del salmo que había leído.

La madre de Natalie fue muy oportuna al hablarle a su hija sobre el Salmo 91 justamente tres semanas antes de este trágico evento. Y en esta situación tan traumática, Natalie tomó su Biblia al salir de la oficina y leyó las promesas del Salmo 91 a Brian Birdwell durante más de media hora. Cuando el coronel Birdwell necesitó el ánimo para seguir luchando por su vida, no fue su entrenamiento militar lo que le ayudó, sino las oraciones y la palabra que Natalie Ogletree le llevó en ese fatídico momento.

JOSH STOVALL

En la Navidad de 2005, nuestro hijo acababa de terminar el campamento militar y la escuela de entrenamiento y había sido destinado permanentemente a Fairbanks, Alaska. Todos sabíamos cuando entró en el ejército que en algún momento iría a Iraq tras el periodo de entrenamiento. Nunca me imaginé que la Navidad de ese año me enteraría de que cuando se subiera al avión con destino a Fairbanks, haría un desvío casi inmediato a El Paso durante dos semanas, y que luego sería enviado a Iraq para finales de enero. Mis temores y preocupaciones aumentaron, porque él era explorador de a pie (el que va a buscar al enemigo). Como yo había sido militar, y al proceder de una larga línea de familiares militares, sabía los riesgos que había cuando se alistó, pero él estaba totalmente dedicado a la causa; siempre me decía: "No te preocupes mamá; sé lo que hago".

Voló a casa esa Navidad y ya le habían dicho que se iría en enero cuando regresaran a Alaska, así que esa Navidad tratamos de estar juntos la mayor parte del tiempo posible, ser positivos y decirle todo lo que sentíamos en nuestro corazón. La entrega de regalos fue algo que nos partía el corazón. Él me había dicho que por favor me asegurase de que los regalos fueran pequeños como para meterlos en su mochila, o de lo contrario tendría que dejarlos en casa.

Mientras iba de compras pensaba en posibles regalos, diciendo: "¿Cómo podría relacionar este regalo con el hogar o con nuestro amor?". Así que compré cosas como una brújula y puse notas en cada uno de ellos que decían cosas como: "Esta brújula te señalará la dirección correcta mientras estés allí, pero también te indicará la dirección hacia tu casa".

Debido al tiempo, no estábamos seguros de si iba a poder salir del aeropuerto de Seattle (una escala de Fairbanks a Dallas). Debido al retraso, perdió su vuelo a Brownwood, pero no lo supimos hasta que estábamos en la puerta del aeropuerto. Fue muy doloroso cómo salían uno a uno todos los pasajeros, MENOS JOSH. Creo que incluso les dije que entraran de nuevo a revisar (mide casi dos metros y pesa 125 kilos) y era un avión de sólo diecinueve pasajeros. Normalmente no lloro, pero estuve de pie en ese aeropuerto llorando como una bebé porque el retraso significaba menos tiempo con él de lo planeado.

Mi esposo llegó conduciendo a Dallas para que Josh no tuviera que esperar hasta las cinco de la tarde siguiente para conseguir un vuelo a casa. Creo que Dios estaba detrás de los retrasos aéreos, porque mientras yo esperaba que llegaran a Brownwood, me acordé de un medallón que Josh me había regalado cuando pasé por un ajuste muy difícil en mi vida. Cuando él llegó aquí, yo había envuelto el medallón en papel de envolver y se lo había pegado al espejo de su baño. Tiene unas manos en actitud de oración en un lado y una frase en el otro lado: "Hoy hice una oración por ti… Sé que Él la contestó". Cuando él lo abrió, dijo que no quería hablar ni pensar en su inminente salida durante el resto de su estancia navideña. Cuando me lo regaló, me había dicho: "Tienes que devolvérmelo cuando ya no lo necesites".

Así que le puse esas mismas palabras junto con el medallón. Mientras él estaba fuera, le preguntaba constantemente si llevaba el medallón, y me decía: "Sí, lo tengo en mi cartera". Me alegra decir que mi hijo me entregó el medallón antes del verano.

Una amiga mía, Ann Johnson, me había dado un par de ejemplares del libro *El Salmo 91* de Peggy Joyce Ruth para familiares de militares. También me imprimió una copia del versículo del Salmo 91 que tenía en su computadora. En ese tiempo, yo no asistía a la iglesia ni practicaba mis creencias frecuentemente, pero me aferré a esa promesa de Dios para la protección de mi hijo. No lo sabía entonces, pero Dios puso en mi corazón que hiciera de ese versículo una columna viva a la que sujetarme durante el transcurso de los siguientes once meses. Él debía regresar en febrero de 2006, sin embargo, su unidad fue la primera que ampliaron a varios meses más, así que tenía que quedarse hasta noviembre de 2006. Ese versículo es también lo que ahora entiendo que fue el comienzo del proceso en el que Dios nos acercó a mi familia y a mí más a Él. Hoy puedo decir que asisto a la iglesia y practico mis creencias cristianas.

Para Navidad, imprimí copias del versículo del Salmo 91 para toda mi familia (unos quince adultos) en papel bonito, enrollé las copias, las até con un hermoso cordón y las coloqué en el árbol de Navidad.

Cuando llegaron todos los familiares, les hablé del poder de ese versículo y les pedí que cada uno de ellos pusiera su copia en algún lugar donde pudiera orar ese versículo diariamente a favor de Josh mientras él estuviera desplegado. Yo puse la mía en un marco en mi escritorio de trabajo y lo recitaba diariamente.

También lo oraba cuando me sentía preocupada o afanada por él. Hice que Josh me prometiera orarlo antes de *salir de las trincheras* cada día. Mientras escribía esto, volví a leer algunos de los correos electrónicos que él me había escrito. Esta es una cita de uno de ellos: "Cada vez que estoy a punto de salir de la trinchera por primera vez ese día, saco la Biblia y leo el Salmo 91. Te lo prometí y estoy cumpliendo lo que dije. El sargento algunas veces me dice que me olvide de ellos, pero sigo conduciendo y haciendo lo que tengo que hacer".

En su primer mensaje de correo electrónico desde Iraq dijo: "Cuando los militares terminan una radio transmisión, usan la palabra *fuera*", así que para querer decir que el Salmo 91 iba a hacerle salir de Iraq vivo, ambos firmábamos nuestros correos electrónicos y cartas con "91 fuera" bajo nuestros nombres. *Cuando Josh regresó de Iraq, tenía un tatuaje en la pantorrilla: "91 fuera".*

AL CASTRO

Al Castro: A la derecha

Me llamo Al Castro y soy de la ciudad de Nueva York. Entré al cuerpo de policía del Departamento de Policía de Nueva York y tengo el rango de sargento. También soy el instructor de armas de fuego de la policía de seguridad del estado. El 21 de mayo, tras regresar de la conmemoración de la policía en Washington DC, me acercaba a la ciudad de Nueva York por la zona del Bronx, en dirección al edificio 33 desde el estacionamiento, cuando alguien me disparó con una escopeta de perdigones en un lado de mi clavícula. El impacto me arrojó contra la pared. Una carpa de la construcción me permitió cubrirme e impedir algún otro disparo en la cara o en el cuerpo. En ese momento llamé al 911 pidiendo ayuda. El servicio médico de urgencia respondió, y el inspector del distrito 205 también respondió, y fui transportado al hospital Covey Hospital para realizarme una evaluación. Me tomaron muestras de sangre y comencé a recibir cartas. Supuse que eran facturas del médico, pero era una carta con los resultados del análisis de sangre.

Recibí una carta certificada diciéndome que llevara a un miembro de mi familia conmigo y que acudiera a esa oficina. En ese momento, sentí que serían malas noticias. En cuanto llegué a la consulta del doctor, me hicieron un sonograma, el cual mostró que tenía una masa cancerosa del tamaño de una moneda de cincuenta centavos. El doctor se sentó conmigo y me dijo que tenía muy poco tiempo de vida y luego salió de la consulta. En ese momento comencé a caminar de un lado a otro, una y otra vez, orando para que de algún modo todo eso hubiera sido un error. Pensaba que quizá necesitaba otra evaluación médica a fin de tener una segunda opinión médica. Cuando él regresó, sólo dije: "Que Dios le bendiga; que tenga un buen día", y me fui. Dejé mi teléfono celular apagado y conduje hasta el condado de Westchester mientras escuchaba música de adoración. Las lágrimas comenzaron a inundar mis ojos a medida que el Espíritu Santo comenzó a trabajar en mí.

Ese disparo fue, de hecho, una verdadera bendición, ya que no hubiera sabido que tenía cáncer y, probablemente, cuando lo hubiera descubierto habría sido demasiado tarde. Al día siguiente me dieron otra cita. Le hablé a la doctora y me dijo: "Le voy a dar cita para hacerle un TAC y una resonancia. Luego voy a darle una cita para que vea a un especialista". Le mencioné que otro doctor había dicho que me quedaba muy poco tiempo de vida, y ella me dijo: "No tenía derecho a decirle eso. Sólo el Hombre de arriba toma esa decisión; y él no tiene una conexión directa con el Hombre de arriba".

Me dieron cita para el TAC y la resonancia, y luego fui al especialista. Era un especialista del hígado, porque la masa cancerígena se estaba formando alrededor del hígado. Vi al doctor y me dijo: "Estamos planeando tratarle con Trace, que es otra forma de quimio". Así que me dieron cita para ir el 27 de octubre al doctor para el tratamiento de Trace en la arteria principal. Cuando me pusieron boca arriba para poder introducir el catéter en el nivel inferior de la arteria principal, me dijeron: "Vamos a darle algo para el dolor, porque esto va a ser muy doloroso".

Yo dije: "No, no quiero nada para el dolor. Quiero estar despierto hasta que se ocupen de esa área donde van a pinchar y a poner el catéter". Para ser honesto con usted, quería estar orando por ello. Mientras yacía tumbado en la mesa, tenía mis manos abiertas. Miré a mi alrededor y había tres cámaras y doctores evaluando lo que estaba ocurriendo. En ese momento comencé a orar. Comencé a ver *flashes* de luces y seguí diciendo en mis adentros: "Señor, ayúdame a salir de esto. He trabajado para ti de diferentes formas. Sabes que estaré ahí siempre que quieras que te sirva. Tan sólo dame una oportunidad más y sácame de esto".

Siguieron poniendo la cámara dentro con el catéter. En ese instante, le pregunté al equipo médico: "¿Ya casi han terminado?", y me dijeron: "Aún no hemos empezado".

"Debe estar bromeando. ¡Ya han pasado tres horas!". Yo seguí orando. Finalmente, tras cuatro horas terminaron el tratamiento, y me acostaron en la camilla. El doctor me advirtió: "No puede moverse en las próximas nueve horas o tendrá una hemorragia interna".

En ese momento me llevaron para hacerme un TAC, y el técnico de rayos X dijo: "Es usted muy grande, así que levántese usted mismo apoyándose en esta barra".

Le dije: "Tengo que hablar con su supervisor. Según me dijo el cirujano jefe no me puedo mover, o de lo contrario sangraré por dentro. Me acaban de disparar e intervenir, así que tendrá que buscar otra manera de posicionarme para hacerme el TAC". Entonces hicieron el TAC y admitieron que yo tenía razón, según la información que recibieron ellos también del cirujano (no debía moverme durante nueve horas, o de lo contrario tendría una hemorragia interna).

Cuando me transportaban escaleras arriba hacia mi habitación, me encontré con el doctor encargado de la cantidad de quimio que debería recibir y dijo: "Es increíble que entráramos y no viéramos nada salvo una sombra. No vimos nada de nada, ¡sólo una sombra! Va a tener muchos efectos secundarios como consecuencia de la quimio: vómitos, dolor de cuerpo, escalofríos. Habrá una enfermera que vendrá cada media hora durante una hora y media. Le darán la medicación para el dolor".

Cuando vinieron las enfermeras, les dije que estaba bien. No sentía escalofríos, ni dolores. Al día siguiente me evaluaron y por la tarde me dieron el alta y me fui a casa. Al salir, fui directamente a la iglesia para que todos los hermanos y hermanas en Cristo vieran el resplandor en mi rostro. Se supone que no debía subir y bajar escaleras, pero pude subir las escaleras de la iglesia y entrar. Me arrodillé y le di gracias al Señor por el milagro que hizo en mi vida. Seguí diciéndome a mí y a todos los hermanos en Cristo la forma tan maravillosa en la que trabaja el Señor. El Salmo 91 es un pacto de fidelidad.

Al día siguiente, fui a ver a mis doctores, y dijeron: "¡Es increíble! Cuando entramos, lo único que había ahí era sangre. Vamos a seguir haciendo la resonancia sólo para evaluarlo todo. Luego haremos la resonancia cada seis meses en vez de cada tres sólo para seguir echándole un vistazo a las cosas". Desde entonces, el Señor me ha sacado de ese pozo y realmente me ha situado en una posición en la que puedo servirle de muchas maneras. Desde entonces he estado muy involucrado con el ministerio de jóvenes, alcanzando a otros oficiales de policía, bomberos y demás. Ha sido una bendición. Realmente quiero aprovechar la oportunidad para alabar al Señor por el milagro que ha hecho en mi vida.

Castro, a la izquierda, de pie con otros oficiales de seguridad del estado.

Actualmente soy el presidente de la Policía Regional de Nueva York, N.Y.S. 636 F.O.P. y también soy miembro de un comité ejecutivo como administrador del estado con la Orden Fraternal de policía del estado de Nueva York. La Orden Fraternal de policía se ha convertido en la organización policial profesional más grande del país. Son profesionales orgullosos que trabajan para los oficiales de seguridad del estado de todos los rangos y niveles del gobierno.

Al Castro a la izquierda

JOHN JOHNSON

John Johnson
Comisión de juventud de Texas
Equipo de tácticas especiales y respuesta

Como antiguo líder del equipo de Tácticas especiales y respuesta (STAR) en nuestras instalaciones correccionales juveniles de la Comisión de juventud de Texas, a veces me llamaban para viajar por el estado a otras instalaciones que estaban teniendo problemas. Nuestra tarea era restaurar y mantener operaciones seguras en instalaciones que tenían problemas. Esto es normalmente una aventura arriesgada, ya que tenemos que controlar el comportamiento violento de los jóvenes encarcelados sin usar armas. La tensión entre el personal y los jóvenes que tenemos que controlar normalmente es muy elevada.

Antes de comenzar a realizar estos viajes, había estado aprendiendo de los libros de Peggy Joyce Ruth *El Salmo 91* sobre el pacto especial de protección que Dios nos da. La Palabra de Dios funciona y aprendí a aplicar esos principios bíblicos en mis tareas de trabajo. Conocía los riesgos que conllevan estas situaciones tensas y preparaba a mis equipos de respuesta con entrenamiento físico, un equipo adecuado y lo más importante de todo, con oración para que la protección de Dios estuviera sobre mí y sobre cada uno de los miembros de mi equipo.

Cada vez que viajábamos, Dios nos bendecía a los miembros de mi equipo y a mí protegiéndonos físicamente y de cualquier otra forma. En cada lugar donde éramos enviados, siempre éramos menos numéricamente que los jóvenes, sin embargo, cada vez, como dice el Salmo 91, ellos caían a nuestro lado.

Hay un incidente en particular que resalta sobre los demás. Regularmente entrenaba a nuestro equipo STAR para controlar situaciones de revueltas. En este viaje en particular, definitivamente tuvimos que poner este entrenamiento en acción. Un pabellón de jóvenes dominó al personal y tomó el control de la unidad, destrozándola severamente. Los chicos se volvieron locos y arrancaron una fuente de agua de la pared, destrozaron completamente la lavadora y la secadora y arrojaron un televisor a través del cristal de una ventana. No era algo bonito de ver. Nos encargaron recuperar el control y fuimos citando las Escrituras y luchando la batalla espiritual. Tardamos menos de una hora. Hicimos frente a objetos pesados que nos arrojaban y a otras armas caseras peligrosas que habían hecho para luchar contra nosotros. No teníamos miedo de ninguna de esas flechas que volaban contra nosotros. Algunos de los jóvenes fueron heridos, pero ningún miembro del personal resultó herido. Permítame repetir esto: ¡ningún miembro del personal resultó herido! Yo había orado este salmo de protección sobre nosotros, y gracias a Dios, pudimos recuperar el control de la unidad sin ser heridos. Estaba decidido a no dejar que el enemigo hiciera daño a mi equipo ni a dejarle causar más destrozos ahora que Jesús estaba allí presente, pero aún me asombro cuando pienso en lo que Dios hizo por nosotros. Parecía como si su escudo fuera delante de nosotros, y salí con todo mi equipo ileso, ¡sin que ninguno se hiciera ni un simple rasguño o moratón! Tras restaurar la paz, caminamos por el pabellón y encontré un cuchillo de hoja afilada casero de veinticinco centímetros de longitud, un cristal grueso de casi dos centímetros de grosor tomado de un televisor roto, entre otros objetos peligrosos. Esas armas podrían fácilmente haber matado a alguno de nuestros miembros del equipo. Con la protección de Dios, no ocurrió eso (no podía ocurrir).

Nuestro superintendente, un buen hombre de fe, también nos enviaba a estas misiones bajo una cobertura de oración. Cada vez, llevamos a casa a todos los hombres y mujeres de nuestro equipo sanos y salvos. Dios no sólo nos protegió, sino que también honró nuestros esfuerzos. Basado en nuestras acciones para proveer la ayuda de nuestro equipo STAR a nuestras instalaciones hermanas que lo necesitaban, mi equipo STAR obtuvo el premio al Equipo Institucional 2005 del Director Ejecutivo de TYC. No obstante, hicimos trampa al usar una pieza extra del equipamiento: nuestro escudo del Salmo 91.

FRANCISCO Y MÓNICA RAMOS

El 27 de marzo de 2004, mi pastor me dio un ejemplar del libro *El Salmo 91: El paraguas de protección de Dios* (Psalm 91, God's umbrella of protection) versión en inglés, porque yo sé leer en inglés. Esa noche comencé a leer el libro y me cautivó desde el principio, porque el mensaje de alguna forma me estaba tocando.

Al día siguiente, el maestro de la escuela dominical estuvo hablando sobre el Salmo 91, y de repente me di cuenta de que no era casualidad. Así que continué leyendo el libro y aprendiendo acerca de la protección de Dios y cómo el Salmo 91 es más que sólo buenos deseos; es poder del cielo para nuestra protección.

Comencé a leer cada noche el Salmo 91 con mi hijo Eduardo de 5 años y mi esposa Mónica, y tratamos de memorizar un versículo cada día, comenzando el domingo por la noche. Nunca lo había hecho antes, regularmente trato de memorizar versículos por mi cuenta, pero nunca antes me había tomado el tiempo de hacerlo con mi familia.

Explicarle el Salmo 91 a mi hijo fue algo muy especial, porque tiene una descripción gráfica que es muy fácil de entender en el versículo 4: *"con sus plumas te cubrirá, y debajo de sus alas estarás seguro"*. Él pudo comprender esa protección como la de la gallina cubriendo a sus polluelos usando su propio cuerpo para protegerlos; y comenzamos a orar por protección desde ese día. No pudimos memorizar todo el Salmo porque, ocho días después, el 4 de abril, llegó repentinamente una gran inundación a nuestra colonia, algo que nunca antes se había visto.

Nuestra colonia se llama Villa de Fuente y es un lugar agradable con grandes nogales, al sur de Piedras Negras, Coahuila, México. Hay un río que rodea en forma de semicírculo la colonia completa y que la hace genial para el crecimiento de árboles en terreno desértico. Esa mañana amaneció lloviendo mucho al igual que los días anteriores, pero hacia el mediodía, el cielo estaba despejado.

Esa noche, eran como las 7:30 cuando se fue la luz en toda la colonia. Encendimos algunas velas y esperamos dentro de casa. Se escucharon algunos sonidos profundos y extraños y pasaron algunos autos haciendo rugir sus motores frente a mi casa. Era algo inusual, así que nos dimos cuenta de que algo estaba ocurriendo. No teníamos radio ni televisión debido a que no había electricidad, así que salí al garaje a escuchar la radio del auto. Lo único que pude oír fue algo acerca del desbordamiento del río Zaragoza debido a la rotura de una presa.

Corrí dentro de casa para apresurar a mi esposa y mi hijo para salir de casa. Ellos se asustaron al verme correr y hablar acerca del riesgo, pero no sabíamos que teníamos tan poco tiempo para salir. Se vistieron rápidamente, y en ese momento escuchamos un ruido como de lluvia lejana que aumentaba de volumen hasta convertirse en un fuerte rugido que me asustó. Vi el agua corriendo por la calle y apresuré a mi esposa. Ella pensaba, al igual que yo, que teníamos más tiempo, y quería poner algunas cosas sobre la cama por si acaso algo de agua llegaba a entrar en la casa. No esperábamos que ocurriera porque la casa está en un lugar elevado. Ese día entendí lo que la Biblia quiere decir cuando menciona "estruendo de muchas aguas" (Apocalipsis 1:15).

Dos minutos después de escuchar el aviso por la radio, el agua corría por el césped junto a la casa, en ese momento nos metimos en el auto y abrí el portón para salir. No había nadie en las calles. No me dio tiempo a cerrar la puerta frontal o el portón, el nivel del agua estaba subiendo increíblemente rápido y el motor se encharcó. De repente, apareció un muchacho en el otro lado de la calle, en medio del agua, diciéndonos que saliéramos del auto. Abrimos las puertas del auto y el agua se metió al interior, así que dejamos el auto y cargué a mi hijo mientras mi esposa llevaba dos carpetas con nuestros papeles más importantes y las identificaciones. El muchacho tenía unos 17 años y simplemente apareció en medio del agua. Le pregunté a dónde ir; había agua por todos lados y yo no tenía idea de qué hacer. Nos dijo que fuéramos hacia la plaza, a dos bloques, porque era el lugar más alto. En ese momento el agua estaba a la altura de mis rodillas.

Esos dos bloques fueron los más largos que he caminado jamás. El agua corría rápido y arrastraba todo tipo de cosas. El muchacho ayudó a mi esposa a caminar por en medio de la calle; yo trataba de no caerme con mi hijo en mis brazos cubierto con una manta. El nivel de agua me llegaba por la cintura, y la presión de la corriente dificultaba mucho nuestro avance. Finalmente llegamos a la plaza, y nos subimos a la acera que está a un metro sobre el nivel de la calle.

La plaza estaba seca y había mucha gente tratando de huir de la inundación. Quise darle las gracias al muchacho por su ayuda y, cuando me di la vuelta, se había ido; simplemente desapareció tan repentinamente como apareció. Mi esposa, mi hijo y yo subimos al quiosco, que es el lugar más alto en medio de la plaza, pero mi esposa insistió en movernos hacia la iglesia enfrente de la plaza. Junto a la iglesia, hay dos salones en un segundo piso con escaleras hacia la acera. Alguien rompió la puerta, y junto con otras personas, mi familia y yo subimos las escaleras y esperamos en el salón.

Después, el techo comenzó a crujir, y salí por una puerta posterior para ver qué estaba pasando. Había mucha gente sobre el techo del salón, por lo que tomé a mi familia y subimos hacia el techo de la iglesia, trepando de un techo a otro hasta que encontramos el lugar más alto y seguro.

En ese techo, pudimos escuchar las voces de la gente atrapada en sus casas y autos gritando para pedir ayuda. Vimos el nivel del agua subir muy rápido. Sólo tardó 10 minutos en cubrir autos, casas, árboles y el quiosco. Conforme el agua cubría las casas, dejaban de escucharse los gritos de la gente que estaba allí, y escuchábamos gritos por otra parte.

Aún no me explico cómo mi esposa, mi hijo y yo estábamos calmados y teníamos tanta paz en ese momento. Todos a nuestro alrededor gritaban, lloraban y estaban confundidos, pero nosotros sabíamos que Dios nos estaba protegiendo. Eduardo me pregunto con su vocecita infantil:

—Papi, ¿qué nos va a pasar?

—Nada. Le dije—. ¿Recuerdas el Salmo 91?

—Sí.

—¿Cómo nos va a cubrir Dios?

—Él dijo: " Con sus plumas te cubrirá y debajo de sus alas estarás seguro".

—¿Lo ves? Entonces nada malo nos va a pasar. Él nos está protegiendo.

Mi hijo lo entendió. Mónica y yo pudimos ver y oír a mucha gente caer a nuestro lado, debajo, en sus casas, gente a la que nadie pudo rescatar. Vimos la pestilencia que acecha en la oscuridad corriendo sin misericordia, matando, destruyendo y lastimando, pero no nos tocó a nosotros.

Algunas personas que estaban sobre el mismo techo que nosotros nos vieron en calma y se acercaron a nosotros como tratando de alcanzar la misma paz que teníamos. Estuvimos repitiendo el Salmo 91 una y otra vez, aunque sólo los versículos que habíamos memorizado.

Un par de horas más tarde, el cielo comenzó a nublarse y empezó a llover. Mi esposa oró en voz alta confiadamente pidiéndole a Dios que detuviera el agua. Yo también oré y vi la lluvia detenerse. Nunca había visto nada igual. Sé que fue por su oración, no por la mía, pues yo me sorprendí de que Dios contestara de esa manera, pero ella lo estaba esperando. Tardó 10 minutos en inundarse toda Villa de Fuente y 4 horas en bajar el nivel del agua. Después pudimos bajar a la plaza nuevamente. Todo estaba cubierto de lodo y destruido, era un caos. Muchos supervivientes estaban heridos, en estado de choque o llorando. Algunos simplemente estaban callados. Tratamos de entender la magnitud del desastre, pero no pudimos hasta después de algunos días. Sin embargo, estábamos a salvo, vivos y sin un rasguño. Dios nos protegió y nos preparó con el Salmo 91.

Sufrimos muchos daños materiales, todo lo que estaba por debajo de 2 metros en la casa quedó cubierto de lodo y agua. Los días siguientes fueron difíciles, pero recibimos mucha ayuda y apoyo de gente de diferentes iglesias cristianas y de mi trabajo.

Un mes después, cuando todavía estábamos tristes por las pérdidas, recibimos la confirmación del embarazo de mi esposa. Habíamos estado orando por un segundo bebé durante tres años, y ahora la respuesta había llegado. Hablando con mi esposa, se dio cuenta de la sabiduría de Dios, y de cómo Él responde a nuestras oraciones en el tiempo apropiado. Si hubiera estado embarazada durante la inundación, probablemente no habría sobrevivido. Además, si hubiéramos tenido un bebé durante la inundación, probablemente lo habríamos perdido, como mucha gente que perdió a sus hijos. Así que entendimos que Dios no solamente nos protegió a nosotros tres, sino también al bebé que aún no había llegado.

No tengo palabras para agradecerle al Señor todo su amor y su protección, pero ahora puedo decir junto con el salmista que Dios es "Esperanza mía, y castillo mío; mi Dios, en quien confiaré".

Paola a los dos meses de nacida.

UNA ORACIÓN
DE PACTO

PACTO PERSONAL DEL SALMO 91

COPIE Y AGRANDE esta oración de pacto del Salmo 91 para orar por usted mismo o sus seres queridos, insertando sus nombres en los espacios en blanco.

_____ habita al abrigo del Altísimo y él/ella _____ mora bajo la sombra del Omnipotente. _____ dice al Señor: "Esperanza mía y castillo mío; mi Dios, en quien confiaré". Porque es Dios quien libra a _____ del lazo del cazador, de la peste destructora. Dios cubrirá a _____ con sus plumas, y debajo de sus alas _____ estará seguro; la verdad de Dios es escudo y adarga.

_____ no temerá el terror nocturno, ni saeta que vuele de día; ni pestilencia que ande en oscuridad, ni mortandad que en medio del día destruya. Mil caerán al lado de _____, y diez mil a su diestra, pero no llegará a _____. _____ con sus ojos mirará y verá la recompensa de los impíos. Porque _____ ha puesto al Señor, que es su esperanza, al Altísimo por su habitación, no sobrevendrá mal a _____ ni plaga tocará su morada. Pues a sus ángeles mandará acerca de _____, que guarden a _____ en todos sus caminos. En las manos llevarán a _____, para que su pie no tropiece en piedra. _____ sobre el león y el áspid pisará; hollará al cachorro del león y al dragón.
Por cuanto _____ en mí ha puesto su amor [dijo Dios], yo también lo libraré; pondré a _____ en alto, Spor cuanto ha conocido mi nombre. _____ me invocará, y yo le responderé; estaré con _____ en la angustia; libraré y glorificaré a _____. Saciaré de larga vida a _____, y le mostraré mi salvación.

NOTAS

PREFACIO

1. H.A. de Weerd, ed., *Selected Speeches and Statements of General of the Army George C. Marshall* (The Infantry Journal, 1945), citado en Carl Joachim Hambro, "The Nobel Peace Prize 1953 Presentation Speech", 10 diciembre 1953, www.nobelprize.org.
2. Carey H. Cash, *A Table in the Presence* (Thomas Nelson, 2004).

EL PODER DEL SALMO 91

1. Walter B. Knight, *Knight's Master Book of 4,000 Illustrations* (William B. Eerdman's Publishing Company, 1981).

CAPÍTULO 2: ¿QUÉ ESTÁ SALIENDO DE MI BOCA?

1. Katherine Carter, *The Mighty Hand of God* (Impact Christian Books, 1992).
2. Jackie Mize, *Supernatural Childbirth* (Harrison House, 1993).

CAPÍTULO 3: LIBERACIÓN EN DOS SENTIDOS

1. Joseph H. Friend and David B. Guralnik, eds., *Webster's New World Dictionary* (The World Publishing Co., 1953), s.v. "pestilence".

CAPÍTULO 5: CASTILLO FUERTE ES MI DIOS

1. Herbert Lockyer, *Nelson's Illustrated Bible Dictionary* (Thomas Nelson, 1995).
2. Friend and Guralnik, *Webster's New World Dictionary*, s.v. "bulwark".
3. Carter, *The Mighty Hand of God*, pp. 31–32.
4. *Ibíd.*, pp. 29–30.

CAPÍTULO 8: NO TEMERÉ LA PESTILENCIA

1. James Strong, *Strong's Exhaustive Concordance of the Bible* (Abingdon Press)
2. Friend and Guralnik, *Webster's New World College Dictionary*, s.v. "imbibe".

CAPÍTULO 11: NINGUNA PLAGA SE ACERCARÁ A MI FAMILIA

1. Viejo proverbio inglés.

CAPÍTULO 12: ÁNGELES ESTÁN VELANDO POR MÍ

1. Cash, *A Table in the Presence*, p. 208.
2. C. S. Lewis, "Miracles", en *God in the Dock* (William B. Eerdman's Pub.).
3. Alan S. Coulson and Michael E. Hanlon, "The Case of the Elusive Angel of Mons", Legends and Traditions of the Great War, www.worldwar1.com.

CAPÍTULO 13: EL ENEMIGO ESTÁ BAJO MIS PIES

1. Strong, *Strong's Exhaustive Concordance of the Bible*, s.v. "dragon".

CAPÍTULO 17: DIOS RESPONDE MI LLAMADO

1. Joe Kissell, "The Battle of Dunkirk", www.itotd.com.

CAPÍTULO 20: DIOS ME SATISFACE CON LARGA VIDA

1. Knight, *Knight's Master Book of 4,000 Illustrations*, 528. Reimpreso con permiso del editor; todos los derechos reservados.

PEGGY JOYCE RUTH DISFRUTA al desafiar a personas a entrar en un entendimiento más profundo de la Palabra de Dios. A la vez que ha trabajado al lado de su esposo, Jack, que era pastor en Brownwood, Texas, por treinta años, ella ha acumulado muchas experiencias emocionantes. Peggy Joyce enseñó el estudio bíblico para adultos los miércoles en la noche cada semana en su iglesia durante aquellos años, y sigue enseñando un estudio bíblico en la radio semanalmente, *Better Living*, en una de sus dos estaciones de radio cristiana en Brownwood. Algunas de sus experiencias favoritas incluyen enseñar en un crucero cristiano por el Caribe, ser elegida como cocinera de equipo para treinta y dos alumnos de la universidad Howard Payne en un viaje misionero a la zona *Tenderloin* de San Francisco e ir con ellos una vez más a un viaje misionero a las Filipinas, donde ella dirigió una conferencia patrocinada por veinte iglesias filipinas.

Peggy Joyce Ruth ha escrito seis libros y ha aparecido en numerosas cadenas de televisión en entrevistas. Es una popular conferencista debido a sus cálidas técnicas de relatar historias, su estilo fácil de entender al comunicar la Palabra de Dios y su agradable sentido del humor. Peggy Joyce ha hablado en

174

varias de las diversas bases militares. También hay disponibles en inglés manuales para que capellanes dirijan a sus soldados en un profundo estudio del Salmo 91.

Para citas como oradora, se puede contactar con Peggy Joyce en: (325) 646-6894 o (325) 646-0623.

¡ESCUCHE A PEGGY JOYCE!

Para escuchar el mensaje de audio, "Those Who Trust in the Lord Shall Not Be Disappointed" [Quienes confían en el Señor no serán defraudados], al igual que otras enseñanzas, incluyendo el "Salmo 91" y "Testimonio de Peggy Joyce", visite por favor la página web www.peggyjoyceruth.org. Todas sus enseñanzas pueden ser bajadas para su propio uso personal.